라깡과 자아심리학

라깡과의 논의 : 자아심리학과 언어

조셉 스미스. M.D.
김종주 옮김

하나醫學社

Arguing with Lacan : Ego Psychology & Language

by Joseph H. Smith

차 례

역자서문

이 책은 분명히 미국의 대표적인 자아심리학자이자 정신과의사인 조셉 스미스 박사가 쓴 것입니다. 그런데 이 책의 첫 문장은 "무의식이 언어처럼 구조화되어 있다는 라깡의 주장에 대해 말해 보려고" 한다는 선언으로 시작되고 있습니다. 좀 별난 정신분석가가 아니라면 학문적인 호기심이 대단하다고 봐야겠습니다.

사실 제가 스미스 박사를 책으로나마 처음 만난 것은 저 개인으로는 역사적인 사실이 됩니다. 그가 『정신의학과 인문학』이란 이름으로 편집한 총서 가운데, 제4권인 『문학적인 프로이트』를 1982년 12월에 30일에 만났던 것입니다. 지금은 사라졌지만 광화문 네거리쯤에 자리 잡았던 어느 서점에서 그 책을 구했습니다. 그땐 몰랐지만 자끄 라깡을 처음으로 미국에 초청해간 예일대학의 쇼셔나 펠만 교수가 쓴 「시 읽기」라는 글 때문에 비싼 돈을 주고 샀던 책입니다. 방바닥에 엎드려 책뚜껑에 서명을 하고나서 펠만 교수의 글을 펴보고는 그만 실망하고 말았습니다. 무슨 소리인지 전혀 이해할 수 없었기 때문입니다.

얼마 뒤에 「시 읽기」 한편을 복사해서 원광대학 영문과의 L교수를 불러냈습니다. 문학평론가를 겸업하기 때문에 이 정도는 알겠지 하는 마음이었습니다. 그는 'Lacan'을 미국식 발음으로 '레이컨'이라 읽었던 듯합니다. 그러더니 참고문헌으로 가서 '레이컨' 다음에 쓰여진 'Ecrits'를 보고나서, 이거 영어가 아닌데! 누구한테 전화를 겁니다. 전화 속 목소리의 주인공인 불문과 교수한테서 내 생애 처음으로 '라깡'이란 이름을 들었던 것 같습니다. 그런 책입니다. 스미스 박사는 그 뒤로 여섯 번째 총서인 『라깡 해석』을 발간했습니다. 그 뒤로 약 10년쯤 후에 스미스 박사의 저서를 발견했습니다. 그 책이 바로 이 책입니다.

스미스 박사가 밝혔듯이 이 책은 쾌락원칙과 원억압, 언어와 관련된 무의식, 자아에 관한 프로이트의 글에서 자신의 독해와 라깡의 독해 사이에 놓인 차이점을 보여주고 있습니다. 원래 스미스 박사가 이 책에 달아놓은 각주는 19개뿐입니다. 첫 페이지부터 나타나기 시작하는 라깡의 아리송한 글귀와 용어들 때문에 독자 여러분들이 애를 먹을까봐 역자 나름대로 필요하다고 생각되는 곳마다 70여개의 각주를 달아놓았습니다. 도움이 되셨으면 합니다. 또 하나 밝혀두고 싶은 이야기는 저자인 스미스 박사와 역자의 의견이 다르다싶은 곳에도 역시 각주를 달아 제 의견을 은근히 주장해봤습니다. 서론에 나오는 7)번 각주가 한 가지 예가 될 것 같습니다.

또한 제2장의 7)번 각주에 대해서도 할 말이 있습니다. 불어 원본에는 분명히 'un autre moi' 라고 해서 '*moi*'를 이태릭체로 강조까지 해두었습니다. 이것을 셰리단은 '나(I)' 라고 번역하는 바람에 이 책의 저자는 '나' 라고 쓰고 있습니다. 라깡은 '나' 라는 의미로는 분명히 'je' 라고 명기합니다. 셰리단은 'personnalité seconde' 를 'splitting personality' 로 번역했지만 핑크 교수는 'dual personality' 로 번역했습니다. 다른 나라의 개념을 자기네 언어로 고정시키는 번역이 이렇게 어렵습니다. 시기적으로 스미스 박사가 셰리단의 번역을 참조할 수밖에 없는 입장이라서, " '또 다른 나' 라는 개념에 대한 라깡의 반박은 그 정도의 것이다. 분명히 그는 분리된 인격에 대해서 말하지 않고 있다"라는 진술을 하게 됩니다. 그러다보니 '두 번째 인격' 에 대하여 말하는 제인 갤럽의 인용문까지 이상하게 이해하는 일이 벌어진 것입니다.

저도 역시 자아심리학에 입각한 역동정신의학을 배운 정신과의사입니다. 시카고대학의 올드리치 교수가 쓰고 제가 번역한 『역동정신의학』(1984년 하나의학사 출간)으로 공부하고 가르친 교수였습니다. 그런데도 이 책을 번역하면서 제가 자아심리학에 대해 무지하다는 걸 깨닫게 되었습니다. 더구나 이젠 자아심리학을 비판하는 라깡의 견해에 푹 젖어 있는 상태입니다. 그래서 더욱 혼란스럽습니다. 아마도 이 책이 출간되고 나면 저부터 몇 번씩 읽고 다시 공부해야 될 것 같습니다.

그렇다면 라까니언들은 자아를 어떻게 볼까요? 브루스 핑크(Bruce Fink) 교수는 900페이지쯤 되는 라깡의 대작, 『에크리』를 번역하면서 아예 책 표지에 그의 아내와 러셀 그리그(Russell Grigg) 교수를 collaborator로 명기하고 있습니다. 영어권에서 최고의 라깡 학자라는 그리그 교수의 최근저서인 『라깡과 언어와 철학』(2008년 4월 SUNY에서 출간)에서 몇 구절을 소개하려고 합니다. 제4장 「전이에서의 시니피앙과 대상」에 나오는 한 대목입니다.

"1921년에 쓴 집단심리학에 관한 신비할 정도로 예언적인 이 작업에서 프로이트는 집단의 구성원들 모두가 그 집단의 지도자를 동일시하게 되고 그들의 자아와 행동이 표준화되는 것을 파악해내고 있다. 지도자와의 자아 동일시는 스트레이치가 분석에서 분석가의 힘의 근원으로 보는 것이다. (…) 집단에 대한 지도자의 힘을 설명하는 이론은 흔히 정신분석 그 자체의 힘에 대한 설명에 이용된다. 프로이트가 분석가를 대타의 자리에 위치시킨다고 말해보기 위해 지도자에 대한 집단동일시를 취급했던 그 일부를 스트레이치가 이용하려고 했던 것은 이상한 일이다."

여기서 그리그 교수는 스트레이치의 글을 인용하여 프로이트 이후의 학자들이 "프로이트의 발견이 지니고 있는 원래의 의미가 왜곡되고 상실되어 버렸다"고 주장합니다. 뿐만 아니라 그리그 교수는 프로이트의 '코페르니쿠스적 전회' 라는 것이 자아의 시각으로부터 근본적으로 멀어지는 것을 알려줄 뿐만 아니라 정신분석의 전반적인 윤리는 분석치료가 주체 자신을 분석가와 동일시하는 것으로 이뤄진다는 견해에 반대하기도 합니다. 치료는 라깡이 분석의 '독자적인 계약'이라 부르는 것, 즉 환자의 자유로운 동의와 해방을 전제조건으로 삼습니다.

스미스 박사는 정동적인 인식이란 개념을 이용하여 충분한 인식으로 이끌어가는 인식은 부정에 의한 인식으로 보기 때문에 "라깡이 시니피앙에 열중하고 정동은 그 나름대로 처리되게끔 놔뒀던" 것이라고 생각합니다. 그리고 교수는 전이에 대한 논의가 상징계의 용어인 '주체'와 '대타자' '시니피앙'과 같은 용어로 표현되어 왔다고 말하면서, 그런 연유로 인해 라깡이 전이의 가장 중요한 부분인 정동을 무시한다는 오해를 불러일으켰다고 생각합니다. 그러나 정동 역시 전이사랑의 표현이기도 하고 전이사랑은 치료에서 매우 중요합니다. 왜냐하면 정동이 시니피앙 이외의 다른 어떤 것으로부터, 즉 치료에 있어 하나의 대상인 분석가의 현존으로부터 연유되기 때문입니다. 이렇게 해서 그는 욕망의 원인인 타대상(objet *a*)에 대한 논의로 옮겨가고 있습니다. 그런데도 스미스 박사는 이 책에서 라깡의 사유와 미국의 자아심리학 간의 유사성을 보여주려고 합니다. 저는 스미스 박사의 이런 시도를 독자 여러분들과 함께 읽어보고 싶어졌습니다.

스미스 박사는 라깡의 용어들을 자기 나름대로 이해해 보려고 노력합니다. 하지만 이 책에 인용되는 라깡의 영어 번역본에는 여기저기 오류들이 눈에 띕니다. 라깡의 유일한 논문집인 『에크리』만해도 앨런 셰리단이 1977년에 9편을 선별해서 번역한 것을 브루스 핑크가 2002년에 재번역하게 되었고, 그 이후로 핑크에 의해 33편에 이르는 『에크리』 전체가 2006년에야 비로소 완역되어 출간되었습니다. 핑크의 새로운 번역본을 이용하여 스미스 박사가 인용한 내용과 다른 점을 약간 보완해봤습니다.

스미스 박사는 서론에서, "라깡한테 배운 것을 기본으로 삼아 라깡이 알지 못했던 어떤 것들을 내가 알게 될 수도 있다"는 거대한 포부를 내비치고 있습니다. 그의 말을 다시 한 번 더 반복하면 우리도 큰 기대를 걸어볼 수 있을 것 같습니다. 제가 라깡과 스미스 박사한테서 배운 것을 기본으로 삼아 그들이 알지 못했던 것을 알아보게 되지 않을까 기대해 볼 수 있다는 말입니다.

이 책의 마지막 장에서 스미스 박사는 라깡의 남근중심주의와 놀고 있는 쥘리아 크리스테바의 유희를 즐기고 있습니다. 맨 끝 문장을 여기에 옮겨보려고 합니다. "초록 대지 위에 선명히 솟아있는 우중충한 붉은색 내지 잿빛 회색의 이끼로 뒤덮인 울퉁불퉁한 바위는 서서히 부스러져 간다. 시간이 흘러감에 따라 오직 그 바닥 여기저기에 무너져 내려 모래로 변해 버렸다. 그러나 산봉우리와 해변 사이에는 밝은 태양아래 무수한 꽃들이 빛나고 있다." 어떻습니까? 기막히게 아름다운 시적인 문장입니다. 다만 제 재주가 부족해서 그런 맛을 제대로 옮겨내지 못했을 뿐입니다. 더 나은 번역자를 기대해 봅니다.

2008년 6월

반포클리닉에서 김종주

서론 : 라깡의 언어와 나의 언어

나는 무의식이 언어처럼 구조화되어 있다는 라깡의 주장에 대해 말해 보려고 하는데, 이런 주장이 프로이트 뿐만 아니라 자아심리학에도 포함되어 있음을 논의하려고 한다. 이 논의의 기반은 쾌락원칙과 원억압, 언어와 관련된 무의식 및 자아에 관한 프로이트의 글에서 나의 독해와 라깡의 독해 사이의 차이점을 보여주려는 데에 있다.

무의식이 언어처럼 구조화되어 있다는 생각을 촘스키 식으로 표현해 보면(증상을 읽어내는 진술과 질문들을 포함하여), 문장들을 생성해내는 (다만 추론할 수 있을 뿐인) 규칙들이 무의식적—대체로 무의식적—이라는 것이다(Smith, 1978). 프로이트와 라깡과 자아심리학에서 이런 생각은 증상들 그 자체의 생성에 이르게 된다. 존재의 문법은 무의식적이다. 존재의 규칙들과 그들의 수많은 효과는 '다른 장면' 에서 작동하고 또한 나타나게 된다. 라깡은 이런 규칙들을 '대타자' (the Other)—나에 대한 타자이지만 내 자신보다 내게 더욱 가까운 타자—라고 부른다.

쾌락원칙이란 규칙 하에 원초적인 생각과 행동은 위험으로부터 멀리 떠나 욕망과 흥미의 대상들 쪽으로 향해 간다. 데이비드 라파포르트(David Rapaport)는 프로이트를 가장 엄격하게 해석하는 자아심리학자였다. 라파포르트가 이해하기로는 넓은 의미에서의 쾌락원칙은 핵심적인 규칙인데, 넓은 의미로 현실원칙은 단지 쾌락원칙의 변형일 뿐이다. 무의식적인 과정들이 언어처럼 구조화되어 있다는 것은 결국엔 정신결정론과 쾌락원칙이라는 무의식적인 작업에 의해 만들어진 규칙-바름 위에 세워져 있다는 말이다.

무의식이 언어처럼 구조화되어 있다는 라깡의 주장에 대해 생각한다는 것은 언어가 어떻게 구조화되어 있는지 알 필요가 있다는 것이다. 그 점에 있어서 라깡의 출발점은 소쉬르[1]와 레비스트로스[2]와 야콥슨[3]의 작업에 나오는 요소들이었다. 당연히 구조화된 그 어떤 것은 혼돈된 것보다는 오히려 구조화된 그 어떤 것과 어느 정도 닮아 있다. 그러나 프로이트가 가르쳤던 바는 일차과정의 사유가 쾌락원칙에 의해 구조화되고 조절되며 문장구성적으로 되는데, 그에 의하여 의미화 되고 의미심장해지며 의미론적으로 되어간다는 것이다. 따라서 일차과정의 사유와 상상적인 존재방식(거기서는 환유와 소망, 공생, 이자적인 혹은 이원론적 관계방식 및 기억과 예기의 욕동구성이 우세함)은 '언어적' 인데, 삼자적 관계방식이 우세한 개념적으로 조직된 이차과정 방식처럼 똑같이 언어적이다. 꿈이라든가 그 밖의 다른 이차과정 사유방식들의 언어구조는 말과 언어로 실현되고 있는데, 이자관계의 오이디푸스적인 극복으로 성취되는 이차과정 사유의 문맥에서도 동일하다.

상징적인 존재방식을 성취해 왔던 사람은 일차과정의 사유에 의지하고 있거나 혹은 방어를 위해서든가 어떤 비방어적인 투사를 위해 상상하기의 양식에 따른 사유에 의지하고 있다. 그러나 신경증적인 방어

주

1) 소쉬르(Ferninand de Saussure)는 구조주의 언어학의 창시자로서 기호가 시니피앙과 시니피에로 구성되고 이 둘은 동전의 양면처럼 상호의존적이고 안정적으로 결합한다고 주장한다. 그러나 라깡은 이 둘 사이가 극히 불안정하고 유동적이어서 시니피에는 시니피앙 밑으로 끝없이 미끄러진다고('떠도는 시니피앙') 주장하여 시니피앙의 정신분석을 정립한다.

2) 레비스트로스(Claude Lévi-Strauss)는 구조주의 언어학을 신화와 친족관계와 같은 문화적인 자료에 적용하여 구조주의 인류학을 탄생시키는데, 라깡은 레비스트로스로부터 영향을 받아 언어학으로 관심을 돌리게 된다.

3) 라깡은 야콥슨(Roman Jacobson)의 은유와 환유의 개념을 빌려와 프로이트의 압축과 전치에 관련시킨다. 또한 야콥슨이 발전시킨 연동자(shifter)라는 개념을 이용하여 언술행위와 언표를 구분하고 있다.

든 비방어적 퇴행에서든 이미지즘적인 사유 혹은 이미지즘적인 모형의 사유에 의지한다는 것은 상상계에 국한되는 것—상징계로부터 폐제[4]되는 것—과는 완전히 다르다. 라깡이 설명해보려고 애썼던 것은 상징적인 거세(상실과 파열과 분열)의 자리, 욕동과 욕망과 상실된 대상의 자리, 그리고 유한과 부명의 자리였는데, 거울(자기애)단계의 상상적인 방식으로부터 오이디푸스 시기에 성취된 상징적인 방식으로의 이행기에 정해진다. 인간은 신체적인 욕구와 충족의 실재계로부터 상상계와 상징계로 전환되고 있다. 그/그녀는 언어에 종속되고 언어의 주체가 된다.

무의식이 언어처럼 구조화되어 있다는 라깡의 진술[5]을 받아들인다는 것은 무의식적인 과정들이 규칙 바르다는 주장에 합류하는 한 가지 방식이다. 그것은 이자과정의 행동방식과 함께 일차과정의 행동방식(상상 사유 느낌도 '행위'라는 의미에서)을 규칙 바른 영역에 포함시키는 것이다. 최종적인 행동규칙, 즉 모든 행동과 모든 분야의 담론을 포함하는 규칙은 쾌락원칙이고, 그것은 단지 모든 구조적 조건들에서의 행동이 높은 잠재력으로부터 낮은 잠재력으로 옮겨가는 것을 말할 뿐이다. 행동은 그의 지향성, 즉 역동성 덕분에 그리고 그런 문

주

4) 폐제(foreclosure; forclusion)는 원래 저당물의 반환권 상실을 의미하는 법률용어로서, 상속인의 자격을 법원의 판결에 의해 폐지함을 의미하는 폐제라는 용어로 대체했다. 프로이트의 Verwerfung이란 용어의 번역어로서 정신병의 특수한 기제로 사용되고 있다. 폐제의 대상은 기본적인 시니피앙인 부명(父名; nom du père)이다. 부명의 폐제는 도저히 채울 길이 없는 구멍을 상징계에 남겨 놓음으로써 정신병적 구조를 갖는다. 폐제된 부명이 동화될 수 없는 시니피앙과 충돌을 일으켜 실재계에 환각으로 나타난다.

5) "무의식은 언어처럼 구조화되어 있다"(L' inconscient est structuré comme un langage)라는 말을 라깡식으로 이해하려면 "무의식은 반드시 시니피앙의 논리에 복종해야 한다"는 말을 알아둘 필요가 있다. 시니피앙들은 서로 간에 결합(환유)과 치환(은유)이란 이중의 움직임에 종속된다. 환유는 고리를 연결해 만든 연쇄처럼 시니피앙과 시니피앙을 연결하여 '하나'(l' Un)의 주변에 인 가시 시니피앙을 내보낼 수 있는 힘을 갖고 있다. 은유의 기제인 치환 덕분에 무의식은 은유적인 시니피앙의 형태로 외면화한다. 결합과 치환으로 구조를 끊임없이 활성화시켜서 은유적인 시니피앙이란 열매와 무의식의 주체란 효과를 가져 온다.

맥 내에서 정해진다. 지향성의 실현(더욱 진보된 기능수준, 즉 의도성에서)은 쾌락원칙의 법 같은 효과가 된다. 현실원칙은 변화된 구조적 조건에서 동일한 원칙 이외의 다른 것이 아니다. 어린아이가 가장 짧은 경로(그 대상을 환각으로 보기)로부터 더 큰 이득(그 대상을 다시 찾기)으로 옮겨가는 것은 변해버린 조건들의 결과이다. 다시 말해, 한편으로 환각의 형태에서의 충족과 다른 한편 실제적인 충족의 '기억들'의 분화에 의해 예기는 달래져 왔다.

무의식이 언어처럼 구조화되어 있다는 라깡의 진술은 쾌락원칙 때문에 그 정당성이 확보되는데, 특히 언어능력[6]이란 인간의 구조적 조건 때문이다. 그것은 일차과정의 기능과 꿈 작업에 관한 프로이트의 사유 그리고 무의식적인 사유와 전(前)언어적 합리성에 관한 촘스키의 사유(1978)를 포함하고 있다. 그러나 환유와 은유의 특수한 규칙들이나 다른 구조적 조건들의 윤곽을 그려내 보이기 전에 언어의 법 같은 효과에 따라 언어가 구조화되어 있다는 일반적인 진술은 쾌락원칙 그 자체를 대신하는 다른 표현에 매우 가깝다. 그러나 라깡은 무의식이 언어처럼 구조화되어 있다는 주장을 쾌락원칙과 연결시킨 일이 결코 없는데,[7] 그 까닭은 그가 프로이트처럼 쾌락원칙을 쾌락추구의 원칙과 혼동했기 때문이다. 다시 말해, 그는 그것을 원초적인 혹은 퇴행적인 기능수준으로 좁게 국한시켰던 조절원칙만으로 봤고(1978a: p.

주

6) 언어능력(linguistic competence)은 변형생성문법에서 인간이 자기 모국어를 자유롭게 조작할 수 있는 암묵적인 앎(tacit knowledge)의 능력을 뜻하며 언어수행(linguistic performance)과 대조된다.

7) 라깡이 쾌락원칙에 대해 자세히 논의하기 시작한 것은 그의 두 번째 세미나인 『프로이트의 이론과 정신분석 기교에서의 자아』(1954-5)인데, 여기서 라깡은 쾌락원칙을 항상성 장치(homeostatic device)에 비유하여 흥분을 가장 낮게 유지시키려는 기능이라고 말한다. 과도한 분량의 흥분을 야기하는 것을 향락(jouissance)이라 부르는데, 쾌락원칙은 상징적인 법으로 이 향락을 막으려고 한다. 그런 만큼 많은 시니피앙을 만들어내게 되고 사실상 주체를 시니피앙에서 시니피앙으로 인도해 간다는 것이다(D. Evans의 『라깡 정신분석 사전』).

186), 어떤 문장에서는(예를 들어, 1978a: pp. 175 & 245) 생리기능의 항상성원칙으로까지 봤던 것이다.[8)]

물론 쾌락원칙이란 진술과 무의식이 언어처럼 구조화되어 있다는 일반적인 진술 그 자체로는 그 어떤 것도 설명하지 못하고 그 이해에 대한 충분한 기반도 제공해주지 못한다. 리쾨르는 라깡과 에델슨(1975)의 정신분석 이론의 언어적인 재구성에 대한 비판에서 다음과 같이 썼다 "초심리학에 대한 결정적인 질문은 프로이트에 의해 기술된 과정들의 특별한 상상적 수준(즉 이미지즘적 차원 혹은 기호학적 차원)의 인정이 정신분석의 경제적 측면과 기호학적 측면에 관한 표명을 알기 쉽게 만들어줄 수 없는지 그 여부가 되는데, 반면에 순수한 언어이론은 그것들을 이해할 수 없게 만드는 것처럼 보인다."(1978a: p. 322n).

이런 논쟁은 두 단계로 해결될 수 있다고 생각된다. 첫 번째 단계는 리쾨르 자신이 주장하는 것처럼 심상—리쾨르의 사유에서는 기호학적인 것—이 비록 비유적인 것(전 구어적 혹은 비구어적)일지라도 의미가 있으며 따라서 넓은 의미로는 언어의 일부라는 가정이다. 두 번째 단계는 쾌락원칙의 보편성에 관한 가정으로서, 그에 따라 상상하기나 말의 온갖 경우를 포함하는 모든 행위가 지향적, 다시 말해, 역동적이 된다. 경제학 없이는 역동학도 있을 수 없다. 따라서 언어에 관한 정신분석학적 이해는 광의로든(즉 상상하기를 포함하는 언어로

주

8) 저자가 인용하고 있는 라깡의 열한 번째 세미나인 『정신분석의 네 가지 기본개념』의 영문번역판 175쪽과 186쪽은 모두 욕동(drive)에 관한 부분들이다. J. Strachey가 instinct(본능)로 번역한 프로이트의 Trieb를 라깡은 '욕동'이라 번역하고 있다. 따라서 라깡을 이해하려면 이 두 용어를 분명하게 구분해야 한다. 본능은 수면이나 배고픔처럼 리듬을 보이고 충족으로 잠시 멈출 수 있는 욕구(need)이다. 그러나 욕동은 일정한 압력으로 작용하여 항상성으로 프로그램된 본능의 흐름을 바꿔놓을 수 있다. 본능의 신체는 탈성화(desexualized)된 신체라서 에로틱하기보다는 항상성 쪽이다. 반면에 욕동은 에로틱하다(Maire Jaanus의 The démontage of the drive 논문 참조 「세미나 XI 읽기」 1995, pp. 119-36).

간주하든) 협의로든 경제적, 역동적 및 구조적이란 세 가지 초심리학적 관점들과 관련되어 있다.

라깡과 미국의 자아심리학은 모두 경제학에 대하여 설명을 위장한 과도한 강조를 피하려고 한다. 내 생각으로 리쾨르의 노력은 그 근거가 완벽할 정도로 확실한 것으로서, 경제적인 것(그리고 역동적인 것)에 다시금 초점을 맞추고 있지만, 그 방법은 리비도와 공격성이란 개념들의 실체화를 회피하려는 것으로서, 예를 들어, 욕동들의 융합과 용해라는 개념에서 증명된다. 후자에 관해서 리쾨르는 이렇게 썼다. "융합과 용해는 단지 에너지에 관한 언어에서 본능적인 표상들의 영역에 초점을 맞춘 해석 작업에 의해 발견된 현상들의 상관물일 뿐이다"(1970: p. 297). 샤퍼(1968: p. 214)도 그와 비슷하게 융합과 용해를 호환성이나 통합으로 규정하기도 하고 혹은 특수한 리비도와 공격적인 목표의 결여로 규정하고 있다.

라깡은 자신의 사유와 미국 자아심리학과의 차이점을 강조했다. 다음 장에서 나는 그 유사성을 보여주려고 한다. 여기에서는 그의 쾌락원칙 개념에 대한 비판을 부각시키는 작업이 필요하고 원억압과 자아에 대한 그의 개념에서 애매하고 그릇되거나 혹은 적어도 불리한 것으로 간주된 바에 초점을 맞추는 작업이 필요할 것이다. 틀림없이 이런 작업은 그의 개념들을 내 개념 쪽으로 기울어지게끔 진행시키는 과정으로 보일 수 있다. 그러나 그러한 노력의 한 가지 효과는 그의 언어가 내 언어에 침투되도록 만드는 과정이 된다. 아마도 그런 이유 때문에 내가 그한테 진실이 되는 방식으로 그의 언어를 사용하든 아니든 간에 이젠 라깡의 언어를 사용할 때 내가 의미하는 바를 이해하려는 내 노력 쪽에 우선권을 두게 될 것이다. 나는 어느 쪽으로도(내가 생각하는 것이거나 혹은 내가 라깡의 생각이었다고 생각하는 것으로) 교정될 수 있지만, 내가 오로지 라깡을 이해하려는 데에만 기울이는 노력은 내가 라깡의 어떤 것들은 받아들이고 어떤 것들은 받아들이지 못한다는 점을 놓쳐버릴 수도 있다. 또 한 가지 내가 간과할 수도 있는 것은 내가 그한테서 배웠지만 아마 부분적으로는 그렇게 배운 것을 기본으로 삼아서 라깡이 알지 못했던 어떤 것들을 내가 알게 될 수도 있다는 점인데, 내가 그것들을 (부분적으로) 그의 언어로 표현하거나 혹은 정정당당하게 내 손에 넣어서 결국 내 것이 되어버린 그런 용어들로 표현하게 된다고 말할 수 있다.

이 연구서는 다음과 같은 믿음으로 그 동기가 마련되기도 했다. 즉 나의 주요한 안내자들인 데이비드 라파포르트(David Rapaport) 및 한스 뢰발트(Hans Loewald)와 함께 했던 프로이트에 대한 나의 독해와 그리고 중요한 관점들에서 라깡으로부터 출발하긴 했지만 내 환자들과의 작업방식은 라깡과 그의 동료들의 것과 크게 다르지 않는(라깡은 우리에게 다른 것으로 믿도록 했을지 몰라도) 미국식의 독해와 미국의 작업방식이 그것이다. 라깡식의 사유는 그가 제시했던 것처럼 자아심리학에 반대되는 한 가지 선택으로 간주될 필요가 없다. 그 대신에 그가 언어에 부여한 핵심은 자아심리학에서의 주요한 발전으로 받아들일 수도 있다. 그런 입장에 따라 나는 『라깡과의 논의』(*Arguing with Lacan*)라는 제목에서 'with' 란 말이 적대 뿐만 아니라 동맹이란 의미도 포함되어 있다고 주장한다.

라깡은 흔히 방어적인 자아기능에 대해 말할 때 그것을 단지 '자아기능' 으로 표현했다. 내가 알기로 그는 비방어적 자아기능에 대해서는 명백하게 말하지 않았다. 그러나 그러한 기능은 '자신의 상상적인 현실 속에서 자신을 구성할' (1978a: p. 144) 필요성에 대해, '인간들 사이의 상징적인 연결에 의한… 상상계의 조절' (1988a: p. 140)에 대해, '상징적 기관' (1988a: p. 135)으로서의 자아기능에 대해, 그리고 실존의 실재적, 상상적 및 상징적 수준들의 불가피한 혼합에 대해 언급하는 그의 문장 속에 포함되어 있다.

여기서의 내 의도는 라깡의 작업에서 방어적인 행위와 비방어적인 행위—가장 넓은 의미에서 인간의 그 어떤 활동도 모두 포함하는 '행위들'—에 대한 참고문헌들을 일괄적으로 다루지 않음으로써 라깡에게서 타당한 것과 미국 자아심리학에서 타당한 것을 대등하게 보려는 것이다. 방어(Smith, 1983)라는 것은 내부세계나 외부세계에 대해 스스로 시작된 왜곡에 의하여 위험을 부정 내지 부인하게 되는 행동을 가리킨다. 비방어적인 행동은 욕망의 대상 혹은 흥미의 대상에 접근하는 것이거나 또는 최소한의 방어적인 왜곡으로 위험의 대상과 마주하는 것이다. 방어적인 행동이든 비방어적인 행동이든 그의 순수한 형태는 이론적인 허구이다.

실재적 수준과 상상적 수준 및 상징적 수준이란 라깡의 개념들이 가져다주는 한 가지 이점은 그의 개념들이 이드, 자아, 초자아, 이상적 자아 및 자아-이상과 같은 구조적인 개념들의 구체화 가능성을 떨어뜨리는 것으로 생각된다는 점이다. '생각된다'는 것은 그의 사유가 구체화하는 보편적인 경향을 오로지 전혀 다르면서 더욱 흥미로운 방향으로 돌릴 수 있을 뿐이라는 가능성을 허용해준다는 것이다. 예를 들어, 개인적인 선사시대의 아버지와의 동일시에 의해 형성된 자아이상이 '주체를 지배하는 안내자'(1988a: p. 141)가 된다는 그의 가정은 자아이상을 극미인의 행위자(homuncular agent)로 간주하게끔 만들어 준다.

실재계라는 것은 이미지즘적으로 또한 언어적으로 조직되고 알려져 있는 우리의 현실을 가리키지 않는다. 실재계는 그렇게 조직되고 알려진 것이 되지 않았거나 될 수 없거나 혹은 저항하는 것이다. 영아의 욕구와 또한 우리가 그의 환경의 대상들로 알고 있는 것은 영아한테 실재적이다. 그의 욕구와 대상들이 이미지즘적으로 표상되고 최후로 상징적으로 표명되기 이전에는 그 영아는 이 세상에 존재하지 않는다. 실재계의 일부는 프로이트의 진술 가운데 어머니의 '동화될 수 없는' 물(物)다움(thingliness)[9]과 만나는 어린아이의 조우에 관한 부분에서 언급되어 있다(프로이트의 『표준영역본』 1: 366).

상상적인 존재방식은 최초의 일차성 자기애와 영원히 함께 한다. "자아의 발달은 일차성 자기애로부터 소원하게 만들고 그 상태를 회복하려는 활기찬 시도를 하게 만든다. 이런 출발은 외부로부터 부여된 자아-이상에게로 옮겨가는 리비도의 전치에 의해 일어나고, 충족은 이런 이상의 성취로부터 일어난다."(프로이트의 『표준영역본』 14: 100). 한 단계가 빠진 채 그 순서가 기술되어 있는 이 텍스트는 자아심리학에 대한 라깡의 비판에 있어 매우 중요하며 프로이트로의 회귀가 어찌 될 것인가에 대한 라깡의 이해에 중요하다.

빠진 단계는 이상적 자아이다. 이상적 자아는 이상화된 자아로서, 거울에 비친 통일체의 이미지이고 어머니가 무척 좋아하는 것에 반영된 상상적인 자기애적 완성이다. 이상적 자아는 삼자간의 오이디푸스 위기를 단념하기 전에, 즉 이상적인 자아의 형성에 꼭 필요했던 포기하기 이전에 일어나는 초기의 어머니와 맺는 이자관계의 자아이다.

> 어떤 사람은 자기 자신 안에 하나의 이상을 세워 놓고 그런 이상에 의해 그의 실제적인 자아를 측정하게 된다고 말할 수 있는데, 다른 사람은 그러한 이상을 형성해 놓지 못한다. 자아한테 이상의 형성은 억압의 조건화된 요인이 될 것이다.

주

9) 표준영역본에는 "그것들(지각: 역자)의 복합체는 **동화될 수 없는 요소**(사물)와 자아 그 자체의 경험(속성과 활동)으로부터 그 자아한테 알려진 것으로 나누어진다"로 되어 있다. 라깡 정신분석에서 쾌락원칙은 주체가 '근친상간적 욕망의 금지된 대상인 어머니'를 뜻하는 물(物 das Ding)로부터 일정한 거리를 유지하게 만들어주는 법칙을 말한다. 상징계를 넘어선 알 수 없는 라깡의 물 개념은 칸트의 '물자체'(thing-in-itself)와 유사하다.

> 이제 이런 이상은 어린 시절에 실제적인 자아가 즐겼던 자기애(self-love)의 과녁이 된다. 주체의 자기애(narcissism)는 그의 외모를 이런 새로운 이상적 자아로 전치시켜 놓게 되는데, 그것은 유아의 자아처럼 그 자신이 가치 있는 모든 완벽함을 소유한 것으로 알아보게 해준다. 리비도가 관여되는 곳에서는 항상 그렇듯이 여기서 인간은 자신이 한때 즐겼던 충족을 포기할 수 없는 그 자신을 다시금 보여주게 되었다. 그는 어린 시절의 자기애적인 완벽함을 버리려는 마음이 없다. 그가 차차 성장하면서 다른 사람들의 충고에 의해 또한 그의 비판적인 판단의 깨달음에 의해 불안하게 되어 더 이상 그런 완벽함을 간직할 수 없게 될 때, 그는 자아이상의 새로운 형태로 그것을 되찾고자 한다. 그가 자기 앞에 자신의 이상으로서 투사하는 것은 어린 시절에 그 자신의 이상이었던 잃어버린 자기애의 대체가 된다(프로이트의 『표준영역본』 14: 93-94).

이 포괄적인 글에서 프로이트는 가장 많이 발전된 것과 가장 원초적인 것을 끼어든 몇 단계들의 적어도 몇 가지 징후들로써 잘 배열해 놓고 있다. 처음 두 문장은 어른한테서 알아볼 만한 비병리적인 기능("어떤 사람은 하나의 이상을 세워 놓고… 그의 실제적인 자아를 측정하게 된다")과 병리적인 기능("다른 사람은 그러한 이상을 형성해 놓지 못한다")을 가리키고 있다. '자아를 위한' 이상의 형성은 오이디푸스기 이후의 억압을 가리킬 수 있는데, 그 억압은 오로지 자아이상과 초자아의 형성 이후에만 위험한 것으로 경험하게 되는 그런 상황에 대한 반응으로서의 억압이다. 자아**를 위한** 하나의 이상(자아이상)은 자아**의** 앞선 이상화(이상적 자아)를 대신하게 된다.

이상적 자아로부터 자아이상으로, 이자관계 양상으로부터 삼자관계 양상으로 가는 오이디푸스의 변환은 상상적 영역으로부터 상징적 영역으로 옮겨가는 것이다. 이러한 이행과 함께 상상적이고 과대적인 자기애의 우세는 그 자체로 위험이 된다. 일단 자아이상이 형성되면 자신의 실제적인 자아와 자신의 자아이상 간의 차이점을 인식하지 못하게 되는 것은 어머니와의 자기애적인 단일체로 되돌아갈 위험성을 수반하게 되는데, 그것은 이제 위험으로 새롭게 수립될 합병이 되는 것이다. 여기에 덧붙여, 자아이상이 형성되면 그 이상을 완성하려는 노력이 실패함으로써 죄책감이 실린 자부심의 저하로 경험되는 초자아의 공격이란 위험에 직면하게 된다.

라깡과 자아심리학에 관한 내 견해를 바르게 이끌어가는 입장들

1. 라깡의 언어와 내 언어 사이에 있는 어떤 중대한 차이점—실제로는 바로 '그' 중대한 차이점—은 그의 명백한 자아 개념이 오로지 상상적인 이상적 자아를 영속시키려는 노력만을 가리킨다는 점이다. 나의 자아 개념은 미국 자아심리학의 자아 개념으로서 오이디푸스 위기의 성공적인 횡단을 통해 만들어진 변화들이 중점적으로 자신의 자아이상에 맞춰 살아가는 방향으로 자아-활동을 가져온다는 것이다. 그러한 목표는 언제나 다양한 기능의 원칙을 참조하고 그런 원칙의 일부로서 작동하는 한 가지 요인이 될 것이다. 개념이라는 것이 정의를 내리는 일이기 때문에 문제는 데이터를 정돈하는 데 있어 어느 쪽이 옳으냐가 아니라 어느 쪽이 더 이로우냐가 된다.
2. 라깡 정신분석과 미국 정신분석 간의 차이점으로 인식된 것들 가운데 어떤 것은 실체의 문제라기보다는 강조점의 문제이기 쉽다. 라깡은 주체의 핵심에 놓여 있는 통일체의 틈새라든가 분할 혹은 결여를 강조하고 있었다. 미국식의 분석은 방어적인 자아와 비방어적인 자아의 힘이나 통일체를 한꺼번에 고려하고 있다. 미국식의 강조점은 전체적인 통일체의 불변의 결여를 인식하는 데 필요로 하는

고도로 성취된 비방어적 통일체에 둔다.

3. 미국의 분석가들은 일차과정 사유의 원초적인 양식과 발전된 양식 두 가지에 의해 생각하는데, 그것은 방어적이거나 비방어적일 수 있다. 이차과정의 사유도 발전하긴 하지만 그 역시 방어적이거나 비방어적일 수 있다. 미국 정신분석의 언어에서 대타자(the Other)에 대한 라깡의 조율(무스타파 사푸앙 Moustapha Safouan이 개인적인 언급에서 강조하는 것처럼 일차과정의 목소리로 말하는 것)은 자아를 위한 퇴행(Kris, 1950)의 발전중인 능력이 된다. 그러한 퇴행은 발전되면서도 비방어적인 일차과정 사유의 한 예가 될 것이다.

4. 나는 '무의식' (the unconscious)이란 단어 가운데 구체화하면서 명사를 만들어주는 정관사(the) 때문에 마음이 편치 못하다. 나는 라깡의 용법에 따라 흔히 그 단어로 되돌아가곤 하는데, 첫 번째 지형학(무의식, 의식-전의식)에서 두 번째 지형학(이드, 자아, 초자아)으로 옮겨가는 일 때문에 이드 자아 및 초자아의 어떤 과정들이 갖고 있는 무의식적인 성질에 대해 생각하다 보면 그 정관사를 조심해야 된다고 믿게 된다. 나한테는 세 가지 모두의 무의식적인 측면들이 '그' 대타자의 구성성분이 되는데, 나로서는 그 정관사에 다시금 인용부호를 붙이게 된다.

5. 나는 위험이나 상실로부터 회피되는 것이라면 그 무엇이든 결국엔 대면하든가 애도하게 될 사건으로 드러난다고 가정하게 된다. 우세한 동기가 억압하는 것이 되는 곳에서는 피억압물을 추적하고 찾아내려는 부수적인 무의식적 자아의 동기들이 설정된다. 자아는 순수하게 방어의 요새가 되는 것은 아니다.

이 책의 설계

제1장「언어와 원초적인 기능」은 언어능력의 계통발생학적 구성을 다른 동물들에 비해 그 발달이 늦은 인간 유아의 '미숙성'에 연결시키고 있다. 방향이 정해진 본능의 상대적 부재라는 의미에서의 미숙성은 역시 인간의 원억압 속으로 들어가게 될 것이다. 나는 원억압을 어떤 위험의 명확한 '대상'이라기보다는 단지 과도한 흥분이란 위험으로부터 원래의 회피로 생각한다(Smith, Pao 및 Schweig, 1973). 원래의 방향은 그 대상의 이미지로 향해 있다. 따라서 그것은 실재적인 것으로부터 멀어지면서 이미지로 향해 있다. 이런 식으로 원억압을 명명하는 방법은 라깡보다 더 일찍 그 위치를 정해주고 있다. 앞으로 보게 되겠지만 이 문제에 대한 라깡의 진술 가운데 전부는 아니더라도 그 대부분에서 그 방향이 이미지로부터 멀어지면서 말(speech)로 향해 있다. 어느 쪽으로 규정하든 그 정의는 일차과정의 기능에서 일어나는 그런 종류의 억압으로서 원억압이란 개념에 일치하게 될 것이다. 그를 명명하는 내 방법은 첫 번째 경우에 연결될 것이고 라깡의 방법은 마지막 경우에 연결될 것이다. 제1장에서의 강조점은 본래의 억압에 대한 능력이 최고에 도달하는 전(前)언어적 구성에 놓여 있고 말이 알려주는 분리에 놓여 있다. 비록 무의식적일지라도 위험의 대상이 더 잘 규정되는 본래의 억압은 이차과정의 기능에 연결된 그런 종류의 억압이다.

마치 유아의 언술행위가 말(words)이 되는 것처럼 우리가 그 유아와 놀거나 말하게 되는 시간은 그 유아가 강압적인 욕구 속에 있지 않아서 단순히 대상의 현존이나 부재에 대해 강요하거나 좁게 집중하는 것으로부터 벗어나게 되는 그런 기간이 된다. 강압적인 단계와 비강압적 단계는 모두(Smith, 1976) 자기애적인 단계 혹은 거울단계의 전

(前)언어적인 더 높은 통일체를 위한 발달에 대해서 알려주고 인도해 간다. 이것이 이 책에서 자주 거론되는 요점이다.

언어의 무의식적인 주체와 의식적이며 방어적인 자아 사이의 대조를 강조하기보다는 오히려 나는 인간을 의식적이면서 동시에 무의식적인 구성과 지식과 욕망의 주체로 생각한다. 라깡은 '인간'과 '주체'를 구분하고 있지만, 나는 라깡과 미국의 자아심리학 둘 모두 인간/주체가 어떻게 주체다움(subjecthood)을 떠맡는 일(Lacan, 1988a: p. 65)을 수행하는지 혹은 회피하는지 연구하게 된다고 주장한다.[10)]

제2장「다른 장면과 대타자」에서 쾌락원칙은 인간의 의도성에 있어 보편적인 움직임이 위험이나 불균형으로부터 해결책을 약속하거나 혹은 덜 위험스런 불균형을 약속해 주는 대상 쪽으로 옮겨가는 것을 가리키는 것으로 받아들여진다. 쾌락원칙에서의 '쾌락'은 최초의 방향성 혹은 발전된 의도성 가운데 하나의 목표를 가리키는데, 그것들의 성취는 정동으로서의 쾌락이 동반될 수도 그렇지 않을 수도 있다. 이런 보편적인 의미에서 쾌락원칙에 의한 조절이나 '지배'를 나는 라깡이 언어의 법칙이나 법 같은 효과로 봤던 것의 전제로 보고 있다.[11)]

라깡은 상상계의 합법성(1977a: p. 141)과 상상적인 능력의 필요성(1978a: p. 144)에 대해 말했다. '상상계의 질서'에 관한 나의 논의는 그런 입장을 강조하고 있다. 상상계는 프로이트가 '지각의 동일성'이

주

10) 라깡의 1945년 이전의 논문에서는 주체가 단지 '인간'(human being)을 의미하거나 피분석자를 지칭하였다. 그 이후로 그는 주체를 '개인적인 주체'로 보면서 자기 확인적 행위로 구성되는 주체로서의 특이성에 초점을 맞춘다. 라깡의 진정한 주체(true subject)는 '무의식의 주체'이다. 1950년대 이후로는 언술행위의 주체와 언표의 주체로 나눠서 주체가 본질적으로 '말하는 존재'(parlêtre)이기 때문에 어쩔 수 없이 분리되고 거세되고 분열된다는 것을 보여준다. 특히 1957년에는 '빗금 친 주체'($)라는 상징으로 주체의 본질적인 분열을 보여준다(D. Evans의 『라깡 정신분석 사전』 참조)

11) 라깡은 '쾌락'이란 단어도 쾌락원칙을 말하는 것이지 감각을 말하는 것은 아니다. 프로이트

라 불렀던 것과는 다르지만 그것을 모형으로 삼는 관계방식인데, 지각의 동일성에서 대상의 이미지가 대상이 되는 것으로 생각한다. 더욱 발전된 기능에서 상상적인 방식은 그 이미지가 대상이 되는 것으로 받아들이지 않는다. 분리된 자기와 대상 인식이 성취된다. 그러나 상상계는 이자적이고 자기애적이며 거울상의 관계를 유지하는데, 그 속에서 각각의 요구(특수하게 이미지화되거나 표명된 각각의 소망)는 영원한 현존의 약속으로서 무조건적인 사랑에 대한 요구를 수반하게 된다. 무조건적인 사랑은 그 이미지가 그 대상이 되는 지각의 동일성에 대한 암묵적인 '요구'와 비슷하다고 제안해 본다. 이런 최초의 이자적인 관계방식은 오이디푸스 위기에서 아버지와 부명(父名)[12]—대타자의 자리에 있는 제3자로서의 아버지—의 진입에 의해 세워진 삼자관계에서 극복된다.

제3장 「자아와 욕망과 법」에서 '욕망의 떠맡기'라는 것은 통일체의 결여를 인정하는 것으로 규정된다. 법의 권위를 받아들이는 일, 자신의 욕망을 떠맡는 일, 상징계에 도달하기 같은 모든 일은 오이디푸스 위기의 해소에서 성취된다. 그러한 해소에서 인정되는 것은 근친상간적인 충동이 어머니와 재합병할 수 없는 불가능성 혹은 어머니로부터 떨어진 전체화된 통일체의 어떤 위상으로 지향할 수 없는 불가능성을

주

의 의미로서 쾌락원칙은 오로지 불쾌를 회피하고 쾌락을 얻는 데 그 목표를 둔다. 라깡의 임상에서 중요한 점은 죽음의 욕동(혹은 반복경향)이 '쾌락원칙을 넘어서는' 것으로 보며, 과도한 분량의 흥분으로 정의되는 향락(jouissance)과 대조시킨다. 따라서 쾌락원칙은 "가급적 최소한으로 즐기라"는 상징적인 법으로 볼 수 있다. 쾌락원칙은 향락이 끊임없이 깨뜨리고 상처 내려는 항상성과 불변성의 상태를 지켜내려는 안전장치이다. 주체로 하여금 쾌락원칙을 위반하게 만드는 것이 욕동이기 때문에 모든 욕동은 죽음의 욕동이 된다.(D. Evans의 『라깡 정신분석 사전』 참조)

12) 라깡은 처음부터 상징적인 아버지의 법률적인 기능과 금지시키는 기능을 강조하기 위해 아버지의 이름인 부명(父名; nom du père)과 아버지의 금지인 부명(父命; non du père)이란 동음어로 말장난을 하고 있다.

부정하려는 헛된 노력이라는 것이다.

자아와 욕망과 법에 관한 자아심리학의 개념과 라깡의 개념을 대충 그려내 보이려고 한다. 거울단계에서 더 높은 통일체—프로이트의 자기애 단계와 전의식적인 구성이란 더 높은 통일체에 등가적인 것—의 성취에 관한 강조점은 그것이 하나의 성취가 된다는 사실에 놓여 있다. 이것은 잠재적인 방어적 특성에 대한 라깡의 강조점과 대비되는데, 만일 그것이 그 시기를 넘어서까지 지속된다면 어머니와의 동일시라는 잠재적 특성이 되고 유아의 잠재적인 통일체가 거울에 비친 어머니의 모습이라는 잠재적 특성이 된다.

불안은 위험에 대한 반응으로 규정되지만 어떤 위험이든 이미 형성된 정신적 통일체에 대한 위협이 된다는 특별한 의미에서 그렇다. 성적인 욕동인 에로스는 더 높은 통일체를 향하여 노력하는데, 부분적으로는 통일체의 상실이나 그런 상실의 위협 때문에 오는 불안에 대한 반응이며 그 동안 줄곧 통일체의 결여가 지닌 근본적인 불멸성에 대한 반응으로 그렇다.

나는 법이 욕망에 그 근원을 둔다고 주장한다. 비방어적인 분리와 법의 권위의 위임(다시 말해, 궁극적으로는 사물이 되어가는 방식의 수긍)과 자신의 욕망과 주체다움의 위임은 통일체 결여의 고유성을 인정함으로써 성취된다. 인생에 분리/분화와 욕망을 모두 가져오는 것은 통일체에 대한 요구(즉 영원한 현존에 관한 약속으로서 무조건적인 사랑에 대한 요구)가 스스로 무효화되는 헛된 것임을 인정하는 일이다. 법의 근원은 욕망으로부터 온다. 다시 말해서, 법을 이야기할 수 있는 것은 욕망의 불멸성을 인정하기 때문이다. 통일체의 결여를 인정함으로써 욕망은 자인된 존재의 결여로서 분리를 성취하게 된다.

라깡은 무의식적이고 의식적인 자아 기능에 순전히 방어적인 임무를 부여해 주었는데, 그 임무는 성취된 가짜 통일체를 유지시키는 일과 그런 통일체의 위태로움을 막아내려는 시도이다. 불균형의 부수적인 중심들—멀리 떨어져 나간 모든 것을 찾아나서는 무의식적인 동기들로 실현된 것—이 영원히 부수적인 상태로 머물지 못한다는 나의 가정은 그런 추구가 자아의 탐색이 된다는 나의 가정과 함께 라깡의 개념적인 전략에 대한 거부가 된다.

제4장 「전이와 해석」은 먼저 전이를 보편적인 것으로 취급한 다음 전이에 대한 라깡 사유의 특정 부분을 고려해볼까 한다. 전이는 처음엔 새로운 대상에 대한 오해나 왜곡으로 이해되었지만, 최근에는 올바른 독해의 실패로서의 전이가 아니라 새로운 대상이나 상황을 자기 방식대로—다시 말해, 자신의 이전 경험에 비춰서—읽어내고 그와 관계하는 힘으로서의 전이를 강조하고 있다. 그것은 옛것이 새것에 영향을 미치도록 허용될 뿐만 아니라 새것이 옛것에 영향을 미치도록 허용되는 그런 방식으로 새로운 경험에 노출시키는 힘이 된다.

제5장 「정동의 의미화 역할」은 라깡이 정동에 대해 소홀했던[13] 가능한 이유들을 논의하고, 크리스테바(Kristeva 1983)나 그린(Green 1983)의 이론과는 전혀 다른 라깡의 이론에 정동을 개입시키는 방법을 암시하고 있다. 이 작업에는 프로이트나 라깡한테서 볼 수 있었던 것보다 쾌락추구로부터 훨씬 더 분명하게 분화된 쾌락원칙의 개념을 필요로 한다. 이 말은 또한 무의식적 정동에 대한 프로이트의 거부에는 강력한 집착—라깡이 동의했던 관점(1978a: p. 217)—이 요구된다는 것을 뜻한다. 정동은 비록 프로이트의 관념과 사유의 의미에서 혹은 라깡의 시니피앙이란 용어 사용의 의미에서 하나의 시니피앙

주

13) 프로이트의 작업에서 정동과 사유는 정반대로 대립한다. 그러나 라깡은 정신분석에서 정동적인 것과 지적인 것 사이의 대립이 명확하지 않다고 생각한다. 그로 인해 라깡이 지나치게 지적이고 정동의 역할을 무시한다는 비판을 받아왔다. 오히려 라깡은 열 번째 세미나를 오직 불안이란(*L'Angoisse*) 정동에 대하여 말한다, 라깡은 불안이 '속임수가 아닌 유일한 정동' 이며 정동은 시니피앙이 아니라 신호라는 유명한 말을 하고 있다.

(signifier: 능기 또는 기표)으로 기능하지는 않을지라도 내부세계와 외부세계에 대한 기본적인 의식적 조율이 되는데 있어 의미화 역할을 갖는다. 나는 치유라는 것이 자신의 주체다움을 원래부터 억압하고 있는 시니피앙과 대면하기의 정동적인 등가물에 의해 알려질 수 있다고 생각한다.

제6장 「개인적 선사시대의 아버지와 분석가의 이상들」에서 방어적인 동일시와 비방어적인 동일시가 정신분석가들 사이에서 정신분석의 특별한 영웅들에 충성하는 방식의 기본이 된다고 생각한다. 그런 충성심은 선배보다 뛰어나는 것을 금지하는 방식이나 혹은 정확히 그런 혁신을 조장하는 방식으로 개념화된다. 나를 이끌어가는 예감은 남녀 영웅들이 프로이트에 의해 개인적 선사시대의 아버지라고 명명됐던 것 덕분에 정립된 초창기 신뢰의 확실성을 예증해주고 있다는 것이다. 프로이트의 개념(그리고 라깡의 부성기능이란 개념)은 초기의 동일시를 개시하고 유지시켜 주는 모든 제3자들을 지칭하는 것으로 생각된다. 이런 요인들은 아이에게 초기의 어머니와 관계를 맺는 이자적이고 동일시적이며 자기애적이고 상상적인 방식을 넘어서서 이 세계를 향해 가도록 만들어준다. 개인적 선사시대의 아버지가 대상이 되지 않고 따라서 동일시의 대상이 아니라는 것은 바로 이런 의미에서 그렇다.

제7장 「할퀸 상처를 편평하게 만들기」는 제6장의 '남근중심주의, 이상적 자아 및 자아이상' 이란 부분에서 소개되어 있다. 내가 별난 생각에 빠져들곤 하는 이 마지막 장에서 라깡의 남근중심주의와 놀고 있는 크리스테바의 유희를 즐기고 있다. 그것은 모두 이브에 관한 것이다. 그것은 사실상 앞의 장들에서 설명했던 대부분의 개념들을 좀 더 가벼운 기분으로 다시 해보는 것이다.[14)]

각 장의 개별적인 주제는 한 가지 테마에 대한 변주곡으로 생각된다. 라깡의 사유는 대부분의 독자들한테 아주 새로운 것이라서 그의 개념들에 접근하는 데 있어 그 하나하나를 다른 개념들에 의해 다시금 문맥화해야 한다. 따라서 어떤 한 문맥에서 그 일부로 나타난 것이 다른 문맥에서는 중점적인 것이 될 수 있으며, 또한 중점적이었던 것이 다른 문맥에 다시 나타날 수도 있다. 라깡의 사유를 제시해 보이려고 할 때, 그와 동시에 그로부터 떠나 비방어적인 자아기능과 비방어적인 이상화, 동일시, 퇴행과 같은 자아심리학의 개념들 쪽으로 향해 가는 출발을 위해 논의하려고 할 때, 이런 종류의 반복에 대한 필요성은 더욱 커지게 된다.

주

14) 모든 장들은 분명히 이 책을 위해 썼던 것들이다. 그러나 그 대부분은 따로 발표되거나 출판되었다. 제2장은 1988년 12월 2일 뉴욕대학교의 아프레-큐(Après-Coup) 모임에서 발표되었다. 제3장은 1989년 5월 22일 워싱턴의대 정신과학교실의 정신의학과 인문학 포럼이 후원한 세미나에서 발표되었다. 제4장과 제5장은 1988년 8월에 오스틴 리그스 센터에서 열린 라깡 임상포럼에서 발표되었는데, 이 자료의 일부는 그와 동시에 『정신분석과 현대사소』(1991년 제1호)에 출판될 예정이다. 제6장은 뉴욕대학교 이탈리아 연구회의 협조와 아프레-큐의 후원으로 1989년 1월 14-15일에 열린 '정신분석의 정통성: 임상과 이론의 함의' 에서 발표되었다. 제7장은 『현대 언어 노트』(Smith, 1989)에 나왔다.(저자)

제1장

언어와 원초적 기능

유아의 환각적인 소망-충족의 (당연히 꿈과 다른 퇴행방식들로부터 추론된) 중요성은 다음 같은 질문의 문맥에서 추구될 수 있다. 인간은 언어 때문에 다른 동물들과 다른가? 혹은 인간은 다르기 때문에 언어를 소유하는가? 정상적인 인간들은 어떤 의미에선 '미숙한' 상태로 출생하기 쉽다. 즉 그들은 다른 종(種)에서 생존을 보장해 주는 그런 본능들이 없는 상태로 태어난다. 이 말은 욕구나 소망, 요구 혹은 욕망에 대해 계통발생학적으로 구비된 더 커다란 절박함을 의미하는가? 물론 유아도 어머니를 사실상 즉각적으로 인식할 수 있는 취각과 촉각, 청각 및 시각 능력을 갖추고 있다(Stern, 1985: pp. 47-53, pp. 90-94). 비록 그렇더라도 '미숙성'과 극단적인 의존성은 욕구와 욕구의 대상에 대한 덜 고정되고 더욱 절박한 관념적 혹은 환각적 반응을 의미하지 않을까?

나의 추측은 본능적인 채비의 상대적인 결여와 그 결과로 오는 의존성 및 위험과 소망의 절박함이 유아에게서 환각적인 소망-충족 그리고 환각과 지각을 구별할 필요성 두 가지 모두를 더욱 강화시킬 수도 있었다는 것이다. 이 두 가지는 모두 이미지화된 기억과 예기로부터 온다. 이런 구별은 일차과정 사유 내에서 성취되고 그런 성취와 함께 자기와 대상 간에 첫 번째 수준의 구별이 확립된다. 이것은 아직도 전

(前)언어적 수준에 머물러 있기 때문에 그렇게 확립된 사유의 동일성은 앞선 지각의 동일성과 대조되어 지각적으로 효과적인 동일성이라 부를 수 있다. 다시 말해, 사유의 동일성은 현존하는 대상의 지각을 지각표상(percept)으로 인식하는 능력과 부재하는 대상의 이미지를 이미지로 인식하는 능력처럼 지각적으로 효과적이다.

언어로 이끌어가는 최초의 단계에 대한 추측과 추론은 언어를 타고난 것으로 생각하는 관념과는 반대로 생각될 수 있다. 다시 말해, 언어로 말하는 공동체에 태어난 유아가 생후 1년간의 후반기에 가서 말하게 되리라는 사실과는 일치하지 않는다. 그러나 피아제(Piaget 1971b: p. 90)가 썼던 것처럼, "어떤 특색이 유전적인 것처럼 인식될 때라 할지라도 그것의 형성이란 문제는 남아 있다." 피아제는 "행동의 자기-조절을 지배하게 되는 조직의 일반적인 법칙"에 따라서 필요성을 만들어내는 평형과정을 강조했다(1971b: p. 90). 더 나아가서 그는 "언어의 습득은 그 이전에 감각-운동적인 지능의 형성을 가정해야 하는데, 그것은 합리성과 비슷한 전(前)언어적 기질(基質)의 필요성에 관한 촘스키의 관념을 정당화해 준다."고 주장했다(1971b: p. 91).

촘스키(Chomsky 1978)는 프로이트처럼 아무런 주저함도 없이 무의식적 사유를 추론하고 있다. '그것이' 생각한다. 라깡한테는 '그것이' 말하거나,[1] 혹은 더욱 요점에 다가가면 '그것'을 통하여 대타자가 말한다. '생명의 인상'(『표준영역본』 14: p. 190)에 대한 무의식적인 개방성 때문에 '그것이' 쓰인다고 말할 수 있다. '그것은' 텅 빈 석판

주

1) '그것이 말하다'(it speaks)는 le ça plarle라는 라깡의 구절의 영역이다. 여기서 '통제할 수 없고 알 수 없는 힘'이란 라깡의 ça는 프로이트의 das Es로서 프로이트는 Georg Groddeck한테서 빌려왔다고 한다. 그로데크는 "우리가 통제할 수 없고 알 수 없는 힘에 이끌려 살고 있는 힘"을 das Es라고 불렀는데, 독일어 Es에 해당하는 불어가 ça이다. 프로이트의 영역자들이 Es를 id로 번역하여 혼란을 가져온 셈이다. 라깡은 ça를 실재계에 이미 존재하는 시니피앙으로 구성되어 있다고 봄으로써 ça를 언어학적 용어로 이해해야 한다고 강조한다. 특히

이 아니라 그런 인상의 흔적들이 명기되는 자리가 된다. 그러나 자기와 세계에 대한 적극적인 무의식적 스캐닝 덕분에 '그것이' 읽는다고 말해야 할 것이다.

이런 가정들의 언어학적인 함의에 일치되어 라깡의 중점적인 추론은 무의식이 언어처럼 구조화되어 있다는 것이 된다. 한 가지 관점에서 그는 더욱 "무의식이 언어이다"(1977a: p. 288)라고 주장하기에 이른다. 그는 한편으로 이것이 무의식의 언어학적 구성에 대한 프로이트의 전(前)소쉬르적이며 전(前)구조주의적인 이해로 회귀하게 된다고 주장하며 다른 한편으로 이러한 주장을 해롤드 블룸(Harold Bloom 1973)의 다음과 같은 표현처럼 프로이트에 대한 엄청난 오해의 한 사례로 제시하고 있는데, 그 둘 사이에서 약간씩 흔들리고 있었다. 그 오해라는 것은 "무의식이 프로이트의 것이 아니라 라깡의 것이다"(Vergote의 1983: p. 193에서 인용된 Lacan의 *Ornicar?*)라는 표현이다.

무의식이 언어처럼 구조화되어 있다[2]는 주장의 타당성과 그 효과는 언어와 같은 어떤 것이 말을 선행할 수 있는지 그 여부에 달려 있게 된다. 다시 말해서, 언어구조의 보편성(보편문법)[3]도 역시 일차과정의 사유구조를 구성하는지, 즉 무의식적 사유의 가장 근접한 반영으로 가정되는 의식적인 정신작용을 구성하는지 그 여부에 관한 문제가 된다.

언어가 말보다 먼저 존재하는가? 이 어구의 외관상 모순어법적인

주

프로이트의 'Wo Es war, soll Ich werden'을 라깡은 "그것이 있었던 그곳에, 혹은 어느 누가 있었던 그곳에… 내가 있어야 하는 것이 내 의무이다"로 번역한다.(D. Evans의 『라깡 정신분석 사전』)

2) 앞으로 읽어보면 알겠지만 라깡의 수수께끼 같은 이 말을 이해하기란 어려운 일이다. 역자의 독서로는 라깡의 이 말을 가장 잘 이해하기 쉽게 언급하는 학자는 파리7대학의 Dr. Nasio이다. 나지오에 따르면, 라깡이 "무의식은 언어처럼 구조화되어 있다"고 말하지만 그것만으로는 충분치 못하다는 것이다. "무의식은 반드시 … 시니피앙의 논리에 복종해야 한다"는 말을 덧붙여야 한다(J.-D. Nasio, *Cinq leçons sur la théorie de Jacques Lacan* 1992, p.

표면구조에도 불구하고 전(前)언어적 언어학 같은 것이 존재할까? 그러한 가정을 채택함으로써 우리는 라깡을 거쳐 프로이트에게로 회귀하거나 혹은 프로이트로부터 멀리 떠나 라깡쪽으로 우회하고 있는 것일까? '다른 장면' 으로부터 '대타자' 에게로 이행해가는 라깡의 변화가 의미하는 것은 무의식이 언어처럼 구조화될 뿐만 아니라 무의식이 언어학적으로 구성된 세계의 상징적 질서에 대해 의식적인 사유보다 더욱 개방적이라고 보는 것일까? 하이데거(1962)는 세계-내-존재(Being-in-the-world)라는 용어를 사용하여 설정된 의미의 전체로서 이 세상의 세계다움(worldhood)을 가리킴(pp. 145, 192, 231, 344, 417, 474)과 동시에 '내의 존재' (Being in)의 '~를 위하여' 를 가리키기도 했다(pp. 185-87). 라깡이 "언어를 넘어선 주체로부터 오는 것이 아니라 주체를 넘어선 언어로부터 오는"(1977a: p. 214) 메시지를 방출할 수 있는 것으로 무의식을 보고 있는 것은 이런 차원들에 대한 더 큰 조율 때문일까? 끝으로 프로이트의 무의식(혹은 라깡의 무의식이 달라지는 그 정도까지)은 어떤 방식으로 하나의 발견이 되며

주

83). 시니피앙들은 서로 간에 결합(환유)과 치환(은유)이라는 이중의 움직임에 종속된다. 환유는 고리들을 연결해 만든 연쇄처럼 시니피앙과 시니피앙을 연결하여 '하나' (l' Un)의 주변에 한 가지 시니피앙을 내보낼 수 있는 힘이 있다. 은유는 치환이라는 기제로 인하여 위임을 만들어낸다. 이 기제 덕분에 무의식은 은유적인 시니피앙의 형태로 외면화한다. 결합과 치환이라는 시니피앙의 두 가지 움직임이 구조를 끊임없이 활성화시킨다. 무의식은 향락의 힘으로 작동되어 은유적 시니피앙이란 열매와 무의식의 주체란 효과를 가져 온다. '현행진술' (le dit)과 '잠복진술들' (les dires)이란 개념을 이용하여 무의식에 대해 다시 말해보면, '하나' 로 기능하는 사건은 피분석자가 자신도 모르게 언술된 현행진술이고 다른 시니피앙들의 연쇄는 잠복진술들의 집합으로 나타난다. 잠복진술이란 "말해지길 기다리거나 이미 말해진" (en attendant d' être dits ou ayant déjà été dits) 진술들이라서 '잠재적이고 무의식적인 상태' (l' état virtuel et inconscient)이다. 따라서 의미화 진술(le dit signifiant)은 무의식의 행위화이고 무의식은 현행진술의 행위 속에 존재한다(Nasio 1992, p. 77).

3) 보편문법(universal grammar)이란 인간이 태어날 때부터 소유하는 언어에 대한 능력을 말하는데, 특히 촘스키의 변형생성문법의 중심적 위치를 차지하는 개념이다. 인간이 사용하는 모든 언어의 문법기술에 필요한 일반적 구조를 명백히 하려는 것이다(이정민과 배영남 『언어학 사전』 박영사, 1987).

어떤 방식으로 하나의 추론이 되었을까?

나는 이런 추측들(어쩌면 프로이트식의 추측이고 어쩌면 라깡식의 추측이기도 하며, 또한 어쩌면 스미스식의 뒤틀림과 함께 그 어느 쪽의 추측)을 가지고 놀만한 값어치가 있다고 생각한다. 그러나 우리가 그것들을 가지고 놀 수 있든가 혹은 그것들이 우리를 가지고 놀게끔 할 수 있기 전에는 언어를 단지 말로 생각하는 일상적인 방법을 넘어서야 한다.

이미지에서 일차과정의 사유(또한 일차과정이고 의식적인 사유의 저편으로서의 무의식적인 사유)가 그 어떤 일상적인 의미에서도 언어와 비슷하지 않다는 것을 알게 되는 한 가지 방법은 각각의 단어들에 관습적으로 또한 자의적으로 일치된 의미가 정해지는 화자들의 공동체에서 단어체계라는 좁은 길에 갇혀있지 않다는 것이다. 그러나 그런 속박의 결여, 즉 자유롭게 움직일 수 있는 전치와 특이한 압축이 다음과 같은 한 가지 수단이 될 수 있지 않을까? 즉 그것은 이차과정 사유에 의해 성취될 수 있는 것보다 이 세계에서의 특별한 대인관계와 이 세계에 대해 훨씬 더 복잡하고 직접적인 조율의 한 가지 수단이 될 것 같다. 이것은 "재치 있는 무의식은 반드시 언어적인 무의식이다"라는 로티(Rorty 1986: p. 7)의 주장의 근거가 될 수 있지 않을까? 또한 "좋지 않은 시인은 의식적이어야 하는 곳에서 대개 무의식적이며, 무의식적이어야 하는 곳에서는 의식적이다"라는 엘리엇(Eliot 1950: p. 10)의 주장의 근거가 될 수 있지 않을까?

여기에서 다음과 같은 라깡의 말을 들어볼 수 있다. "무의식의 수준에서는 주체의 수준에서 일어나는 것과 모든 관점에서 동질적인 그 어떤 것이 있는데, 바로 이런 것이 그것의 특권인 것처럼 보였던 것을 잃어버리는 의식의 수준에서와 똑같이 매우 정교한 방식으로 말하고 기능한다."(1978a: p. 24).

무의식이 언어처럼 구조화되어 있다는 주장은 자연히 꿈 작업에 의해 명확해지는 무의식적 사유라는 관념과 일치하지 않을까? 유아의 불균형은 이미지와 정동으로 나타나면서 주로 지각과 기억, 생각, 정동 및 예기에 대한 자율적인 능력들을 어머니의 부재와 결부시켜 작동되는데, 그런 불균형이 일차과정의 사유를 만들어내는 체계를 구성한다. 무의식의 내용이라 생각되는 것으로 취해진 형태를 아는 사람은 아무도 없다. 그러나 우리가 일단 무의식적 사유에 대해 이야기하려 한다면 그것이 의식적인 일차과정의 사유처럼 구조화되어 있다고 가정하는 것이 조심성 있는 유일한 추론일 것이다.

의미를 생성하고 메시지를 방출하는 통시적으로 또한 공시적으로 구조화된 체계는 언어와 비슷하고 어쩌면 언어가 되기도 할 것이다. 또한 논의 중인 특별한 체계, 즉 이러한 '그것이' 말을 하는데, 라깡이 강조하고 있듯이 꿈과 실수, 농담 및 증상처럼 역동적인 피억압물로 가는 데 첩경이 되는 그런 메시지에서만 그런 것이 아니라 항상 그렇다는 것이다. 주요한 관점에서 그것은 이 문장을 구조화하고 있다.

무의식이 언어처럼 구조화되어 있다는 주장을 언어가 무의식이라는 것과 의식이 언어에 의해 구조화되어 있다는 양쪽의 주장에 대조해 보자. 촘스키는 언어와 말에 대해 다음과 같이 쓰고 있었다.

> 만일 언어가 말로 구성되어 있다는 것만을 알고 있다면 우리의 언어 수행의 모형은 반드시 매우 원시적이고 제한된 관심영역이 될 것이다. 우리는 언어적인 기호들의 순서와 그들의 형식적 및 의미론적 특성들 이외에는 연구할 수가 없을 것이다. 더 큰 깊이와 복잡함의 구조를 합일시키는 더욱 풍부한 언어능력의 이론으로써 우리는 더욱 흥미로운 언어 수행의 모형들을 착수할 수 있다.
>
> (중략)

> 만일 최근 몇 년간의 연구가 어디에서든 그 목표에 가까이 다가갔다면 문장의 형태와 의미를 결정해 주는 복잡한 정신전산화에 적용되는 규칙과 원칙의 체계에 의해 언어가 생성된다. 이러한 규칙과 원칙은 대체로 무의식적이라서 잠재적인 의식의 범위를 넘어선다. 우리가 말하고 있는 언어에 대한 우리의 완벽한 지식은 이런 원칙들에 다가갈 수 있는 특별한 접근을 허용해 주지 않는다. 우리는 내성이나 반성에 의해, 말하자면, '내부로부터' 그것들을 결정하리라고 바랄 수가 없다.(1978: pp. 11-12, 17-18)

라깡이 언어처럼 구조화된 것으로 무의식에 대해 썼다면 그 중점으로 피억압물에 대해 언급하고 있는 것이다(예를 들어, 『세미나 I』[1975: p. 100]으로서 Felman, 1987: p. 124에 인용됨). 여기서 내가 강조하는 바는 피아제(1973)가 '인지적 무의식'이라 불렀고 촘스키가 '무의식적 지식'이라 불렀던 그런 종류의 것이고 피억압물과 무의식이 일치하지 않는다는 프로이트의 다음과 같은 관점이다. "억압되어 있는 모든 것은 반드시 무의식적인 것이어야 한다. 그러나 그 시작부터 피억압물이 무의식적으로 되어 있는 모든 것을 포함하는 것은 아니라고 말해보자. 무의식은 그 범위가 더 넓다. 즉 피억압물은 무의식의 일부분이다"(『표준 영역본』 14: p. 166).

프로이트는 정신적인 것의 기본적인 성질을 특성화하지 않으려고 했다. 그는 정신적인 것과 의식적인 것 사이에서 그 등식을 거부했다. "아니다. 의식적인 것은 정신적인 것의 본질이 될 수 없다. 그것은 정신적인 것의 한 가지 특질일 뿐이며, 게다가 변덕스러운 특질인데, 현존하기보다는 부재하는 쪽이 훨씬 더 흔한 그런 것이다. 그 특성이 뭐가 됐든 정신적인 것은 그 자체가 무의식적이고 아마도 우리가 지식을 획득해 왔던 다른 모든 자연스런 과정들과 그 종류에 있어 유사할 수도 있다"(『표준 영역본』 23: p. 283).

또한 프로이트는 다음과 같이 기술하기도 했다.

> 의식적인 자기-지각의 자료들은… 모든 측면에서 마음의 과정들의 풍부함과 복잡함을 헤아리는 데에 부적절한 것으로 증명되었고, 그들 간의 상호연결을 밝혀내고 그들의 장애의 결정인자를 인식해내는 데에도 부적절하며…. 현실은 항상 '알 수 없는' 상태로 남아있게 될 것이다. 우리의 최초의 감각적 지각으로부터 나온 산출물은 과학적인 작업에 의해 밝혀지는데, 외부세계에 존재하는 연결 및 의존적인 관계에 대한 통찰력으로 구성될 것이며, 우리가 외부세계에 있는 그 어떤 것을 '이해할' 수 있고 예견할 수 있으며 그것을 변경시킬 수 있도록 만들어주는 우리의 사유와 지식의 내부세계에서 확실하게 재생되거나 반영될 수 있는 것이며…. 정신분석에서… 우리는 의식 속에 생긴 틈새를 메울 기술적인 방법들을 찾아내게 되었다. 이런 방식으로 우리는 그 자체로선 '알 수 없는' 수많은 과정들을 추론하고 우리한테 의식적인 것이 되는 그것들 속에 그것들을 끼워 넣게 된다. 또한 예를 들어, 만일 우리가 "이런 관점에서 무의식적인 기억이 간여했다"고 말한다면, 그 말이 의미하는 바는 다음과 같다. "이런 관점에서 우리가 결코 어떤 개념작용을 형성할 수 없는 어떤 일이 일어났지만, 만일 그것이 우리의 의식 속으로 들어왔다면 오로지 이런 저런 방식으로만 기술될 수 있었던 그런 것이다."(『표준 영역본』 23: pp. 196-97)

프로이트가 여전히 라깡과 촘스키의 아버지임을 보여주고 싶다면 내정신성(endopsychic) 지각이라는 그의 개념을 인용할 수 있을 것이다. 내정신성 지각은 직접적인 의식적 지각을 가리키는 것이 아니라 무의식적 지식의 간접효과를 가리킨다. 그것은 "애매한 인식으로서…

당연히 무의식에서 정신적인 요인들과 관계들의… [진정한] 인식에는 아무런 특징도 없는 그런 인식"이다(『표준 영역본』 6: p. 258). 그것은 동기부여에 관한 '의식적인 무지와 무의식적인 지식'(『표준 영역본』 6: p. 258)이고, 억압에(『표준 영역본』 9: p. 51) 관한 것이며, 억압되어 있는 것에(『표준 영역본』 10: p. 164) 관한 것이고, 마음의 '구조적 조건들'에(『표준 영역본』 13: p. 91) 관한 것이기도 하다.

전(前)언어적 구성

일차과정의 기능은 이차과정의 기능이 구성되기를 기다리는 단순히 마구잡이로 관념적이며 정동적인 경험만은 아니다. 엄청난 구성이 일차과정 기능의 분맥 속에서 일어나고 있다. 이러한 전언어적인 일차과정의 구성은 언어와 이차과정 기능의 길을 마련해주기도 하지만 그 또한 일차과정으로 되돌아갈 수 있는 능력과 타인들에게서 일차과정의 발견과 창안의 산물들을 인식하고 이해하고 인정할 수 있는 능력의 기초를 다져주기도 한다.

프로이트는 자가성애 단계와 자기애 단계, (전언어적 구성과 동의어로 간주될 수 있는)전의식적 구성 및 이드로부터 자아의 분화에 의해 전언어적인 구성을 개념화하고 있었다. 그는 더 높은 통일체로서의 자기애 단계에 대해 말했다(『표준 영역본』 14: p. 77). 라깡의 거울단계도 자기애 단계와 대체로 상응하면서 하나의 통일체에 대한 가정으로 기술되어 있는데, 라깡은 그 가짜의 통일체를 방어의 요새인 자아의 시작으로 보았다. '전의식적 구성'은 (일정한 카텍시스와 지배적인 관념 덩어리, 방어, 감시, 자아 본능, 이차과정 및 현실원칙을 갖는 구성과 같은 다른 개념들과 함께) 충분히 발전된 프로이트의 자아개념의 선구개념으로 간주될 수 있다. 나는 말의 출현 이전에 일어나는 발전적인 구성에 대한 프로이트의 가정을 가리키기 위하여 또한 그런 구성의 성취에서 억압의 역할을 검토해 보기 위하여 이런 개념들에 대해 언급하는 것이다.

나는 위험(유아의 마음속에서 단지 너무나 많은 흥분의 형태로 규정되지 않은 위험; 『표준 영역본』 20: p. 94)으로부터 최초로 회피하는 것으로서의 원억압은 전언어적인 자기애적 통일체, 전의식적 통일체 혹은 자아 통일체를 성취하기 이전의 억압적인 현상의 모든 부류로 간주된다고 생각한다. 그러한 통일체에 포함되어 있는 구성의 정도가 본래의 억압을 허용한다. 본래의 억압 속에서 위험스럽다는 것은 성취된 통일체를 위협하는 것으로 더욱 분명하게 규정되어 있다. 지향해 가는 것과 회피해 가는 것 두 가지 모두는 더욱 원초적인 정신작용에 비교됨으로써 더욱 잘 규정되고 구조화된다.

뒤에 가서 예외들을 지적해내겠지만 라깡은 대부분의 작업에서 원억압을 말의 시초에 일어나는 것으로 위치시키고 있다. 내가 암시해왔던 것처럼 이것은 억압적인 현상의 모든 부류를 명명하는 또 다른 방법이지만, 원억압의 지배가 시작될 때보다는 그 끝에 가서 더욱 그렇다. 그에게 있어서 그것은 원억압을 표시해주는 말의 출현이 되고 욕구와 요구와 욕망의 분화가 된다.

나는 요구를 명확한 이미지가 부여되거나 명확히 표명될 수 있는 소원으로 간주한다.[4)]

욕망은 어떤 특별한 소원의 충족이나 만족을 능가하는 결여의 파괴

주

4) 프로이트의 Wunsch를 스트러치는 wish(소원)로 번역했지만 라깡은 désir(desire: 욕망)로 번역하여 라깡 개념의 본질인 '지속적인 힘'이 함축되게 하였다. 이 욕망은 헤겔의 Begierde와 비슷한 인유를 갖게 됨으로써 라깡의 욕망개념에 철학적인 분위기를 유지시켜 프로이트가 사용한 것보다 훨씬 더 광범위하고 추상적인 범주로 만들었다. 욕망은 라깡 사유의 중심개념이 되어 "욕망은 인간의 본질이다"는 스피노자의 주장을 따른다. 따라서 욕망은 인간 실존의 핵심이고 정신분석의 중점적 관심사가 된다.

될 수 없는 잔여로 간주된다. 욕망은 능가할 수 없는 결여에서 발생하는데, 그 결여는 분리된 개인의 형성과 관련되며 그 분리된 존재에 대한 관심사와 관련되어 있다. 애도에 관한 주디트 비어스트(Judith Viorst 1986)의 중요한 진술의 제목을 바꿀 정도로 욕망은 필수적인 상실로부터 발생한다. 그 어떤 특수한 소원/요구도 넘어서는 존재의 결여—그 어떤 특수한 상실보다는 오히려 본래적이고 진행 중인 상실에 연결되어 있는 존재의 결여—이 표명으로서 욕망은 처음부터 존재하는데, 비록 욕망과 요구간의 명확한 구별이 말을 기다리고 있으며 결국엔 오이디푸스 해결을 기다리고 있더라도 그렇다.

욕망은 사물의 죽음을 대신하고 그런 의미에서 사물의 죽음을 가져오는 표상(이미지 혹은 단어) 때문에 알려지게 된다. 따라서 이미지와 이미지 제작자, 단어와 화자는 모두 실재계로부터 전환되고 소외된다. 표상(원초적인 이미지 그리고 말 두 가지를 모두 구조화하는 것으로 이해되는 넓은 의미의 언어)은 욕망을 드러낸다. 표상은 처음부터 회피하는 모든 행동이 어떤 의미에선 상실과 분할과 거세가 되는 기호이다. 초기의 그 모든 선회가 일어나는 분할의 성취는 그 자체로 상징적인 일자(一者: oneness)의 상실이 되는데, 말에 앞서 예비적으로 절정에 이르는 상징적인 거세를 뜻한다. 비록 욕망이 일깨워지고 그런 의미에서 어떤 특별한 대상에 의해 야기되더라도 그 욕망—결국엔 능가할 수 없는 존재의 결여에 의해 야기되고, 라깡의 타대상(objet *a*)이란 의미에서 상실된 대상에 의해 야기되는 욕망—은 항상 그곳에 존재하며, 라깡이 요구로서 그 특징을 삼은 소원들 속에 감춰져 있게 된다. "[시니피앙의 효과들은] 인간이 말을 한다는 사실로부터 그의 욕구들의 일탈에서 발생하는데, 그의 욕구들이 요구를 따르는 한 그것들이 그에게 소외된 채로 되돌아온다는 의미에서 그렇다. … 이렇게 욕구들에서 소외되어 있는 바가 원억압을 구성하는데, 그것은 요구로 표명될 수 없는 무능력처럼 가정되지만 인간에게서 욕망으로 다시 나타나게 된다."(1977a: p. 286)[5)]

원억압에서 욕구를 표상하는 정신적인 불균형은 대상을 향하는 욕동으로부터 회피하게 되는 위험과 같은 것이 되는데, 우리가 흔히 소원을 이미지나 단어의 형태로 부르고 있는 요구로서 나타내는 그런 욕동이다. 욕구와 그것의 첫 번째 표상수준인 욕동(라깡의 욕망개념이 겹쳐지지만 그의 욕동개념과는 일치하지 않는다)은 두 가지 모두 두 번째 표상수준에 의해 나타나면서 '소외되어' 있는데, 그 두 번째 표상수준은 소원/요구로(여기서 라깡이 독특하게 언급하지 않는 정동과 함께) 표상되는 이미지나 단어이다.

라파포르트와 뢰발트에게서 욕망의 개념은 심신경계의 마음 쪽에 존재하는 욕동을 강조하고 있다. 말을 하게 될 운명을 타고난 동물에게서 욕동은 단지 육체적인 욕구를 나타내는 것이 아니다. 그것은 욕구로부터의 소외로 들어가는 첫 번째 단계이고 따라서 언어적으로 구성된 세계에서 앓게 되는 분할과 존재의 결여와 욕망으로 들어가는 첫 번째 단계가 된다. 라깡은 '요구로 표명될' 수 없는 욕망의 '불가능성'에 대해 이야기하고 있더라도 소원충족의 이미지—요구—는 그 무엇보다도 먼저 부정(negation)이라는 것, 즉 욕구와 욕동, 존재의 결여, 욕망, 대상의 부재에 대한 부정(denial)이다. 욕망은 제일 먼저 소원충족에서 부정되는 것으로 '나타난다.'

주

5) 저자가 인용하고 있는 라깡의 『에크리』는 Alan Sheridan의 영역으로서 원문과 미묘한 차이를 보이고 있기 때문에 B. Fink에 의해 2002년에 영어로 다시 번역된 문장(pp. 275-6)을 한글로 번역하여 소개할까 한다. "[시니피앙으로서의 남근의] 이런 현존의 효과들을 검토해 보자. 그것들은 먼저 인간이 말을 한다는 사실 때문에 그의 욕구들의 일탈을 포함하고 있다. 즉 그의 욕구들이 요구에 따를 정도로 소외된 형태로서 그에게로 되돌아온다. … 이렇게 욕구들 속에서 소외되어 있는 바가 원억압(Urverdrängung)을 구성하는데, 가설적으로 그것은 요구로 표명될 수 없다. 그런데도 불구하고 그것은 사람한테서 욕망(das Begehren)으로 그 자체를 드러내는 곁가지로 나타난다."

라깡은 욕망을 요구의 저편으로 기술했다(1977a: p. 286). 그는 그것이 "만족을 위한 식욕[욕구]도 아니고, 사랑에 대한 요구도 아니며, 두 번째에서 첫 번째를 빼낸 결과로 오는 차이"라고 말했다(1977a: p. 287).[6)]

요구와 욕망으로 분화되는 결여를 소유하느냐 마느냐 하는 능력이 말의 출현보다 앞설 수 없다는 것은 나에겐 합리적인 것처럼 보인다. 그러나 한편으론 대상 지각의 분화와 또 다른 한편으로 이미지화된 것으로의 소원의 분화가 사유의 동일성 성취에 이미 존재해 있는데, 그 분화과정이 전의식적인 구성으로서 전언어적인 자기애 단계 혹은 거울단계로 이끌어 간다.

전의식적인 구성은 언어를 선행하고 언어를 허용해 준다. 전의식적인 구성이 언어(좁은 의미에서의 언어로서 구어로 실현되는 언어)에 의해 구성된다는 생각은 프로이트의 저술들 여기저기에 뿌리를 내리고 있는데, 라파포르트(1957-59: p. 159)에 의하면 프로이트가 무척 고무되어 전의식에서의 중대한 역할을 언어적인 흔적에 부여했다는 것이다(『표준 영역본』 1: pp. 364-65, 14: pp. 201-04, 19: p. 20). 그러나 그 글들에 대한 믿음은 후기 저술인 『정신분석의 윤곽』(1940)에 나오는 진술을 간과하게 만들 수도 있는데, 그 저술에서는 그의 입장이 변해 있었다. 거기서 프로이트는 전의식적인 구성을 전언어적으로 성취된 것처럼 취급하였다. 내가 읽었던 것처럼 말을 허용해 주는 것은 이러한 전언어적 성취이다. 따라서 말의 현존은 전의식적인 구성이 설정되었다는 확실한 신호이다. "그러나 말의 기억잔재들과의 연결이 전의식 상태의 필요한 전제조건이라고 생각하는 것은 올바르지 못한 것일 수 있다. 그와는 반대로 그 상태는 그런 연결의 존재가

주

8) B. Fink의 번역판(p. 276)에는 그 차이에 대해 "the very phenomenon of their splitting(Spaltung)"이란 말이 덧붙여 있다.

그 과정의 전의식적 특성에 대한 추론을 안전하게 만들지라도 그것들과의 연결에는 아무런 관련도 없다"(『표준 영역본』 23: p. 162).

단어표상에 대한 프로이트의 초기 언급조차도 상위수준의 구성이란 의미에서 과도한 카텍시스라는 생각에 거의 변함없이 연결되어 있었다는 것은 주목되어야 한다(『표준 영역본』 14: p. 194). 그의 사유의 요점은 가장 단순한 수준을 넘어선 지식이 다름 아닌 관계의 지식이었다는 것이며(『표준 영역본』 5: pp. 530-31, 14: p. 202; Gill, 1963: pp. 28-29 참조), 또한 적어도 상위수준의 관계들 가운데 어떤 특정 부류가 언어를 통해서 드러난다는 것이다.

일차성 억압과 고유한 억압은 둘 모두 위험으로부터의 회피가 된다. 이러한 회피는 정신을 구성하고 그 구성을 반영해 주는데, 그런 발전적인 구성이 위험과 자기-대상, 대상 및 자기를 더욱 크게 규정할 수 있도록 허용해준다.

원억압은 일차과정 기능의 특징이 된다. 이 계통이 작동되는 방법을 예시하기 위해 프로이트는 가장 원시적인 형태로 생각되었던 것을 묘사했는데, 나는 그것을 다음과 같이 해석한다.

1. 더욱 커지는 생리적 불균형이 정신적 불균형을 불러일으킨다.
2. 정신적 불균형(모아간의 상호작용에서 욕동으로 구성되어갈 특정한 할당량인 첫 번째 수준의 표상)이 위험으로서의 그런 불균형으로부터 그 대상의 이미지(두 번째 수준의 표상-욕동을 표상하는 이미지[그리고 그에 동반되는 정동]) 쪽으로의 선회를 불러일으킨다.
3. 유아에게서 환각의 형태를 취할 만큼 절박한 것으로 가정될만한 이미지는 지각의 동일성, 즉 소원충족이 된다.
4. 규정되지 않은 불균형이나 '너무 과도한 흥분'이라는 위험으로부터 회피하는 것은 그러한 위험을 예기하고 피하려는 진행 중인 경

향을 만들어낸다. 그러나 인간에게서 종속되면서도 반대되는 경향이 설정되는데, 회피되어 왔던 것을 위험스런 것으로 혹은 상실된 것으로 찾아내고 또한 통합하거나 직면하거나 혹은 애도하기 위해서 그렇다.

5. 환각은 순간적이고 소원충족적인 만족을 가져다준다. 여기서 그것은 추구해 볼만한 가치가 있다. 만족은 처음엔 순간적이긴 하지만 타자로서 알려져 있지 않았을지라도 타자의 이미지에서 이뤄진다. 대타자의 욕망으로서의 욕망이 시작되는 곳이 바로 여기라고 생각할 수도 있다. (前)시니피앙으로서의 이미지를 (전)시니피에로서의 대상의 개념에 연결하는 것이 첫 번째의 (전)기호를 구성한다. 기호에서의 만족과 단어의 선구는 지향하는 대상을 찾으려는 지배적인 경향과 회피해 왔던 것에 직면하려는 종속적인 경향 두 가지와 함께 인간을 언어 쪽으로 돌려놓기 위하여 결합시키는 요인들이다.

6. 위험이 더욱 절박할수록 소원충족을 만족시키려는 시간도 더욱 짧아질 것이다. 환각적인 이미지가 실제적으로 충족시키지 못하기 때문에 위험과 동반하게 되고 위험 그 자체가 되며 그에 따라 회피하게 된다. 그렇다면 환각은 위험으로 표시되고, 실제적인 대상(사유의 동일성)과 그것이 제공하는 실제적인 충족을 표시해 주는 현실의 지시물 쪽으로 향하게 되는 전회가 일어난다.[7]

만일 여기서의 목표가 고정된 생물학적 현실에 적응하는 쪽으로 향하게 되는 첫 번째 단계를 추적하는 것이라면 프로이트의 스케치로 끝낼 수 있을 것이다. 그러나 그 목표는 계통발생학적으로 설정된 것을 개체발생학적으로 반복하고 있는 유아가 어떻게 실재적인 것(실재

---

7) 환각이 정신적인 상태에서 떠오른다는 사실은 주체의 정신적인 해석에 의해 '현실'이 얼마나 위험스럽게 되었는지 그를 보여주는 표시가 된다.(저자)

계—역자)으로부터 이미지와 언어 쪽으로 선회하게 되는지 그를 이해하려는 것이 되는데, 결국엔 이미지와 언어를 통하여 언어적으로 구성된 현실 혹은 세계가 세워지게 된다.

환각으로부터 실제적인 대상 쪽으로의 회피는 환각과 이미지가 분화되는 지점을 가리켜 준다. 대상의 이미지는 그 대상의 현실을 가리키는 지시물들이 현존하지 않는 것처럼 인식될 수 있다. 불균형이 점점 증가하고 충족이 연기될 때라 할지라도 그 이미지는 환각이 그런 것처럼 위험으로 표시되는 것이 아니라 절박하게 필요해진 실제적인 대상을 되찾는 쪽으로 인도해가는 길잡이와 비슷해진다.

강압적인 욕구와 비강압적인 욕구

나는 여기까지 강압적인 욕구와 위험의 상황에 초점을 두어왔다. 이것은 비강압적인 욕구와 최소한의 불균형의 상황에 대조되는데, 그런 상황은 잠을 깬 후지만 욕구가 강압적인 수준까지 계속 올라가기 직전이고, 먹고 난 후지만 잠에 떨어지기 직전이며, 또한 잠자고 있는 동안과 같은 것이다. 만일 각성시의 환각이 당연하게도 불균형과 위험의 절박함에 대한 반응으로 간주된다면 그런 시간에서 유아가 깨어 있는 동안에는 환각이라는 것이 없다. 그 대신에 상상하기, 어쩌면 변화무쌍한 상상이지만 비압박적인 상황 때문에 순간적인 충족보다 더 많은 것을 제공한다고 상상하는 일이 생긴다. 여기서 유아는 이미지를 가지고 놀 수 있다. 프로이트는 이렇게 썼다. "만일 우리에게 절대로 필요한 충족들 가운데 하나를 제공해 주는 그 순간에 우리의 정신기구를 필요로 하지 않는다면 우리는 그것이 그 자체의 활동에서 쾌락의 방향으로 작동할 수 있게 만들어준다. 나는 이것이 일반적으로 모든 심미적인 관념작용을 지배하는 상황이 되리라고 생각한다."(『표

준 영역본』 8: pp. 95-96)

비록 더 어린 수준이긴 하지만 이미지를 갖고 노는 것은 랭거(Langer)가 조잘거리는 경향, 즉 소리를 갖고 노는 인간의 경향을 말의 선구라고 강조했던 것과 유사하다. 대상의 이미지는 유아의 불균형을 나타낸다. 그러나 놀이의 비강압적인 시점에서 그런 불균형은 유일한 욕구에 대해 절박하지도 않고 협소해지지도 않는다. 여기서 대상의 이미지는 자기와 대상을 통합하게 될 것이고 또한 그와 동시에 자기와 대상의 분화를 허용하게 될 것이다. 전체 이미지의 세계는 열려 있는데, 자기와 타자는 모두 그 세계에 속하고 표상되지만, 그런데도 그것은 자기와 타자 사이에 있는 세계이다. 그것은 단지 대상의 현존이나 부재에 대한 절박하고 협소한 이중의 초점으로부터 도피하는 것을 의미하는 세계가 된다.

그것은 비강압적인 각성시간 뿐만 아니라 수면 중에서도 유아에게 접근할 수 있는 세계이다. 강압적인 불균형이 잠을 깨우리라고 가정하면서, 꿈속에서 이미지의 환각적인 생생함은 절박한 위험의 표시가 아니라 단지 환각과 이미지가 분화되지 않은 구성 상태로의 퇴행일 뿐이다.

초기의 구성 상태로의 퇴행에 대해 이야기하는 것은 말 이전의 일차 과정 사유의 맥락 내에서 일어나는 점진적인 구성을 가리키고 있는데, 그 구성은 말의 출현을 알려주는 자기와 대상의 분화에서 그 절정을 이룬다. 비강압적인 시기에 자유로운 상상놀이는 우리가 말했듯이 강압적인 시기에서 상상하기만큼 쾌락원칙의 통제 하에 놓여있게 된다. 그것은 회피와 지향의 동기가 되는 불균형의 덜 절박하고 더욱 다양한 장소들이 존재하게 된다는 것이다. 양쪽의 경우에서 쾌락원칙 세계는 동일하다.

그러나 우리는 강압적인 시기와 비강압적인 시기에 점진적인 구성과 통합이 일차과정 사유에 의해 조장되는 방식을 어떻게 이해할 수 있을까? 그것은 위에서 설명했던 프로이트의 지각의 동일성과 사유의 동일성이란 사례와 동일하다. 그러나 그것은 좀 더 발전된 형태로 묘사될 수 있다. 이것은 무의식적인 충동과 소원, 이미지, 사유, 기억 및 예기에 의한 개념화를 필요로 하는데, 앞에서 언급했듯이, 그처럼 추론된 무의식의 내용이나 과정들이 어떤 모습이나 형태를 지닐 수 있는지 알지 못할지라도 그렇다는 것이다. 프로이트와 더불어 우리가 말할 수 있는 모든 것은 우리의 추론을 말로 표현하기 위해 우리는 오로지 "단지 우리들 자신을 자유롭게 할 수 없는 우리 지각의 언어로"(『표준 영역본』 23: p. 196) 번역할 수 있을 뿐이다.

프로이트도 역시 역동적인 무의식이 관여하는 한 "한때 의식적인 지각이었던 어떤 것만이 오직 의식화될 수 있을 뿐"(『표준 영역본』 19: pp. 20, 237)이라고 주장했다. 나는 그가 억압된 것이라면 그 무엇이든 한번은 이미지에 의해 표상되었음을 의미하는 것으로 생각한다. 다시 말해서, 역동적인 무의식의 내용이 어떤 형태와 어떤 구성을 가질 수 있든 간에 프로이트는 그런 내용의 구성이 이미지에서 원초적인 의식적 사유양식을 모델로 삼게 되는 것으로 가정했다. 원초적인 사유양식이 무의식적으로 유지된다는 것은 복잡한 문제들의 해결에 무의식적으로 기여할 가능성을 가로막는 것이 아니다.

전언어적 지식과 사유

그렇다면 원초적인 무의식적 사유와 억압이 자기애 단계나 거울단계에서 일어날 것으로 생각될 수 있다는 것을 그려보자. 그 단계는 말 이전의 시점이지만 구성으로서의 전의식(여기서 자아와 등가적인 더 높은 통일체로 받아들이게 되는 것)이 구조화되어 왔던 이후의 시점을 의미한다. 프로이트가 「억압」(『표준 영역본』 14: p. 149)이란 논문에서 묘사했던 것처럼, 충동—위험을 말해주는 충동—은 프로이트가 소원이라고 불렀던 이미지로서의 표상을 성취하거나 성취하기 시작한다. 흔히 가정되듯이, 이것은 자아로부터의 위험신호를 환기시켜 주고 충동을 나타내는 이미지는 억압된다. 충동을 야기했던 불균형은 계속되고(종속적인 자아충동이 회피되어 왔던 것을 찾아내기 위해 하는 것처럼), 또한 지연 때문에 더욱 강화되어 다른 이미지에 의한 표상을 이루거나 이루기 시작한다. 지배적인 충동이 위험을 막아주기 때문에 두 번째 이미지는 변화되어 덜 위험스런 방식으로 충동을 내보이는 그런 이미지가 될 것이다. 그러나 아마 그것도 그렇겠지만 또한 훨씬 더 많이 변화된 그 다음의 이미지들은 위험스런 것으로 표시되고 억압될 것이다. 마침내 억압을 일으키지 않는 방식으로 충동을 나타내는 이미지는 의식 속으로 받아들이게 될 것이다.

따라서 의식 속으로 들어오지 못하게 금지된 위험이 더 이상 위험이 되지 못할 때 무의식적으로 설정된 '이미지들'의 고리는 하나의 근원으로서 지속적으로 요구될 것이다. 위험이 위험으로서 지속될 때일지라도 이런 이미지들은 증상이나 꿈으로 나타나기도 하고 실언이나 실서, 혹은 유머로도 나타날 것이다. 또한 회피되어 왔던 모든 것을 찾아내기 위하여 그것들은 퇴행의 순간들에 나타날 것이다. 이것이 무의식적인 시니피앙으로 라깡이 의미했던 바를 내가 이해한 것이며, 부분적으로는 무의식적인 지식이 의식적인 지식을 능가해 가는 방식에 대한 이해이기도 하다.[8)]

주

8) 라깡을 영어로 번역할 때 지식(knowledge)은 흔히 혼동을 가져온다. 라깡은 지식을 connaissance('지식')과 savoir(本識)으로 나누고 있다. '지식'은 상상계에 속하는 자기-지식으로서 자아를 구성하는 자신에 관한 상상적 지식(me-connaissance)이다. 주체가 이런 '지식'에 이른다고 생각하는 것은 '오인'이라 잘못 번역되는 몰인식(méconnaissance) 때

그러나 마지막 주장에는 어느 정도의 가감이 필요하다. 피아제(또한 그가 참조하고 있는 사르트르)가 관찰했던 바와 같이 역동적으로 억압된 것은 오로지 '주체의 묵인' 덕분에 무의식적인 것이다(피아제, 1971a: p. 135).[9] 우리가 억압해 왔던 것에 대하여 우리가 직접 생각할 수 있는지 그 여부를 조금은 알고 있다는 것이다. 임상적인 실행은 그런 가정에 깊이 관련되어 있다. 그것은 또한 통찰이 어떻게 '처음부터 알고' 있었던 어떤 것에 대하여 정동적으로 부과된 인식에 도달하게 되는지 그 방법을 설명해준다.

이 말이 의미하는 것은 신체적으로 중재된 생명의 인상에 대한 무의식적인 개방성 덕분에 기록되어 있는 자료들이 의식의 험로로 들어갈 수 있는 그 부분을 훨씬 능가하게 될지라도 의식의 구성은 무의식의 구성과 유사해진다는 것이다. 무의식적인 지식은 의식의 지식을 능가하지만, 의식이 없으면, 다시 말해, 무의식적인 구성에 필적하는 전의식적인 구성이 없으면 무의식적인 지식의 축적은 전혀 쓸모없고 무의미하게 될 것이다. 그 자체의 무의식적인 지식과 욕망을 소유하거나 소유하지 못하는 의식적인 '내'가 없다면, 무의식적인 '나'의 이야기는 무의미해진다. 방어적이든 아니든 의식—혹은 프로이트의 표현처럼, '의식적이든 아니든 그 속성'—은 '심층심리학의 어둠 속에서 우리의 유일한 등대'로 남아있게 된다(『표준 영역본』 19: p. 18).

주

문이다. 반면에 '본식'은 정신분석 치료가 목표로 삼는 지식으로서 주체와 상징계의 관계에 대한 지식이다. 이런 상징적인 지식은 '알려지지 않은 지식'이고 주체가 자신이 알고 있음을 알지 못하는 무의식적인 지식이다. 본식은 의미화 연쇄에서 단지 시니피앙들의 분절일 뿐이다. 라깡은 '안다고 상정된 주체'(S.s.S.: sujet supposé savoir)가 어딘가에 존재하게 되자마자 전이가 일어난다고 말한다. 또한 파괴할 수 없고 무의미한(순수한) 시니피앙들이 주체를 결정한다. 따라서 주체에 대한 시니피앙의 효과가 무의식을 구성한다. 여기서 '시니피앙은 또 다른 시니피앙들을 대신하는 주체"라는 라깡의 말을 이해할 수 있다.

9) 나는 이런 식으로 옮겨놓고 싶다. 즉 피억압물을 추적하면서 동시에 그에 대한 의식적인 인식을 금지하는 무의식적인 자아활동 때문에 역동적으로 억압된 것은 그렇게 된다(저자).

자신의 무의식적인 지식과 욕망의 소유 그 여부는 의식적인 과정이면서 동시에 무의식적인 과정이 된다. 상징적인 거세와 유한성, 분리, 젠더 및 욕망에 대한 가정—라깡이 상징계의 법[10]에 대한 가정이라 불렀던 것—을 허용해 주는 오이디푸스 위기의 해결은 각각의 단계에서 의식적인 소유와 무의식적인 소유의 방식에 관련된다. 그것이 바로 첫 번째 지형학이 두 번째 지형학에 굴복할 수밖에 없었던 이유이다. '나'는 이드와 자이, 자아이상 및 초자아라는 개념이 가리키는 모든 것의 주체이다. 또한 만일 그런 개념들이 앞으로 틀림없이 그럴 것처럼 부적절한 것으로 판명된다면 다른 개념들을 위해 버려질 수 있다. 그것이 바로 라깡이 주체의 개념, 시니피앙의 장소로서 대타자의 개념 및 언어처럼 구조화된 것 같은 무의식의 개념에서 작업하고 있는 것이다. "대타자는 주체를 현존케 할 수 있는 것이라면 그 무엇이든 그것을 지배하는 시니피앙의 연쇄가 위치하게 되는 장소이고, 그것은 주체가 나타나게끔 되어 있는 살아있는 존재의 영역이 되며… 욕동이 본질적으로 나타나게 되는 것은 주체성이라 부르는 이처럼 살아있는 존재의 측면이 된다."(1978a: p. 203)

10) 라깡의 저서에서 법은 특별한 법령을 말하는 것이 아니라 모든 사회관계의 저변에 있는 근본적인 원리를 말한다. 따라서 법은 사회적 존재를 가능하게 만드는 보편적 원리, 즉 모든 형태의 사회적 교환을 지배하는 구조의 집합이다. 교환의 가장 기본적인 형태가 의사소통이기 때문에 법은 근본적으로 언어적 본체이고 시니피앙의 법칙이 된다. 이런 법-언어적인(legal-linguistic) 구조는 상징계 그 자체이다. 오이디푸스 콤플렉스 기간에 주체에게 법을 부과하는 것은 아버지로서, 부성기능(paternal function)이란 금지와 법 제정의 역할에 붙은 이름이다. 따라서 법과 욕망의 관계는 변증법적이다. 욕망이 먼저 있고나서 법이 규제하는 것이 아니라, 법의 규제과정으로부터 욕망이 발생한다.

제2장

다른 장면과 대타자

쾌락원칙과 언어의 법칙

'다른장면' 은 무의식적인 과정들의 장면에 대한 프로이트의 용어였는데, 그것은 욕동의 장면이고 역동적으로 억압된 것의 장면이며 원초적으로 구성된 일차과정 기능의 장면이다. 다른 장면에 붙여진 처음 이름은 '무의식' 이었고, 나중에는 '이드' 로 바뀌었다가, 더 훗날에는 라깡에 의해 '대타자' 로 바뀌었다. 그러나 프로이트는 처음부터일지라도 결코 무의식을 단순히 끓어오르는 가마솥으로 여기지는 않았다.

프로이트는 원초적인 전언어적 구성이 위험으로서의 정신적인 불균형에 대해 계통발생학적으로 설정된 반응에 기초를 둔다고 믿었는데, 어머니가 그때까지 타자로 알려지진 않았지만 그런 어머니에 대한 탐색을 시작하게 만드는 그런 위험이다. 따라서 그런 통제의 원칙은 불쾌원칙이라 불렸고 나중에 가서 쾌락원칙이라 부르게 되었다.[1] 정신적 불균형은 신체적 불균형으로부터 야기되거나 혹은 주변환경에서 신체적으로 중재된 사건들로부터 야기될 수 있다.

주

1) 항상성 원리로서의 쾌락원칙에서 '불쾌' 는 정신적 불균형에 붙여진 이름이고 '쾌락' 은 그의 상대적 결여에 붙여진 이름이다. 둘 모두 정동으로 취급되어서는 안 된다. 의식적으로 알게 된 불균형의 효과가 흔히 불쾌에 의해 정동적으로 알려진 신호라는 사실과 불쾌의 표현이 유아의 고통 쪽으로 이끌어가는 어머니의 가장 확실한 인도라는 사실로부터 그 이름이 유래된

이러한 전언어적 수준에서 의식은 지각표상, 쾌락이나 불쾌의 전반적인 느낌, 그리고 말보다는 이미지에 있어서 사유/소원/두려움에 국한되어 있다. 대상의 이미지(어머니에 대한 이전의 지각적/정동적 경험의 조각난 기억을 의미함)는 어머니의 부재에서 생겨나오는데 처음에는 허위로(환각적으로) 어머니의 현존을 의미하게 된다. 지금까지 우리가 보았던 것처럼 프로이트는 이미지가 대상이 되는 것으로 간주하여 이미지와 대상 간의 이런 혼동을 지각의 동일성이라고 불렀다.

원초적인 구성에 의하면, 이것이 허위결합이라는 사실은 그것이 이미지와 대상 간의 결합이 된다는 사실보다 덜 중요하다. 그것이 아직은 기호가 되지 못하는 까닭은 이미지가 고정된 것이 아니고(그 다음의 경우에 다른 이미지가 동일한 대상을 가리킬 수 있음), 자의적이거나 혹은 관습적인 것도 아니라, 오히려 유동적이고 특이적이다. 그러나 그것은 언어를 예시해 준다. 소쉬르의 용어로는 시니피앙으로서의 이미지가 종이의 양면이 서로 '결합'되어 있듯이 시니피에로서 원초적인 대상개념과 결합되어 있는데, 그처럼 형성된 덧없는 전(前)기호가 타자로서의 어머니를 가리킨다는 것을 유아가 알아차리기 이전이라 할지라도 그렇다. 유아는 언어로 가는 길 위에 있다. 자유롭게 움직이는 전치로 구성된 원초적인 이미지는 이미 대상의 원초적인 개념(기억과 예기)에 결합되어 있다.

어머니의 부재가 없다면, 즉 욕구 만족의 지연이 없다면, 지각의 동일성을 이루는 허위결합은 일어나지 않을 것이다. 허위결합과 함께 어머니의 부재는 말로 상상하고 생각할 수 있는 최종적인 가능성 쪽으로 향해가는 필수적인 출발점이 된다. 그러한 성인의 가능성이란 언어에 기초를 두고 논리적으로 강요되며 시간적으로 구성되는 이차

주

다는 것은 정확한 말이다. 그러나 통제원칙으로서 쾌락원칙은 또한 의식적으로 기록되지도 않고 정동으로서의 불쾌와 동반되지도 않는 정신적 불균형을 가리킨다.(저자)

과정 사유에 대한 가능성이다.

환각적인 소원성취는 이미 그 대상의 부재중에 일어나는 대상의 경험이 된다. 압축과 전치는 결코 무작위적인 것이 아니다. 그것들은 지향적인(역동적인) 것으로서, 유아한테는 의식적으로 알려지지 않았을지라도 전(前)주체와 그(녀)의 세계의 구성을 반영하고 그것들을 더욱 구성한다는 의미를 전달해 주고 있다. 환각적인 소원성취의 긍정적인 결과는 인간이 소원성취와 실제적인 충족 간의 차이점, 즉 대상의 관념과 실제적인 대상 간의 차이점을 분간할 기회를 갖게 되며 그렇게 하도록 강요당한다는 것이다.

이 문제에 관하여 프로이트를 통상적으로 읽어보면 그와 같은 대상을 찾아내고 다시 찾아내기 위해 일차과정의 사유방식을 극복해냄으로써 자신의 태도를 취하게 되는 것으로 이해할 수 있다. 그러나 만일 일차과정 사유가 넓은 의미에서 언어의 표현으로 간주될 수 있고, 만일 그 이미지라는 것이 좁은 의미로 언어가 된다면, 그 어떠한 언어처럼 그것은 완벽해진다. '어휘'가 한 가지 이미지에 국한되는 최초의 시점에서일지라도 그것은 완전히 그렇다고 한다. 이미지는 여전히 의미화 체계의 표현이다(Lacan, 1988b: pp. 29, 30, 33, 76).[2] 앞에서 지적한 바와 같이 일차과정 사유를 구조화하는 체계는 대상의 부재와 함께 이미지와 정동에 의해 표상되는 것(지각과 기억, 관념작용, 정동 및 예기에 대한 주로 자율적인 능력을 이미 작동시키고 있음)처럼 유

주

2) 라깡의 두 번째 세미나인 『프로이트의 이론과 정신분석의 기교에서의 자아』(1954-1955)에서 1954년 12월 1일에 시행된 세 번째 강의 「상징적 우주」(영역판 pp. 27-39)에서 저자가 그렇게 읽어낸 것 같다. 그러나 이 강의는 바로 전 주(1954년 11월 30일)에 강의된 레비-스트로스의 「혈족관계 대 가족」에 나오는 '기본적인 구조'와 '인간의 질서'에 관한 토론이다. 여기서 라깡은 인간의 질서가 상징적인 기능의 개입으로 그 특징을 삼고 있는데, 상징계에서 그 전체성을 우주라 부르고 인간적인 모든 것이 상징적 기능에 의해 구성된 우주 내에 정해져야 한다고 주장한다. 또한 레비-스트로스가 제기한 질문에 대해 라깡은 상징적 체계를 도입하여 오이디푸스 콤플렉스가 독특하고 순수하게 상징적이기 때문에 보편적이면서 동시에

아의 불균형으로 구성되어 있다. 만일 이것이 그러하다면, 최초의 태도가 정해지는 것은 그러한 사유의 극복에 의해서가 아니라 그런 사유와 그것이 반영하는 체계화의 내부에서 그리고 그 덕분에 이뤄진다는 것이다. 그와 같은 언어와 일차과정 사유는 나중에 나타나고 또한 자기와 대상 간에 이미 분화되어 있는 지점까지 구성이 이뤄져 있음을 의미하게 된다.[3]

나는 앞에서 행동의 자기통제를 지배하게 되는 '조직의 일반법칙들' 에 따라 필요성을 만들어내는 평형과정에 대한 피아제의 강조점을 언급해 두었다(1971b: p. 90). 분석가들은 알차게 들리고 위안이 되는 그러한 모든 문장들을 기억하게 될텐데, 거기서 프로이트는 우리에게 쾌락원칙의 불굴의 지배력을 확인시켜 준다. 뮬러와 리처드슨(Muller & Richardson 1982: p. 63)에 따르면 라깡이 한 가지 방어로서 자아한테 넘겨준 현실원칙은 결국 변화된 구조적 조건에서 쾌락원칙의 작용일 뿐이라고 하며, 『쾌락원칙을 넘어서』라는 저술은 그 원칙을 넘어선 것이 아니라 단지 쾌락추구를 넘어선 것일 뿐이다(스미스, 1977). 지배력에 대해 이야기함으로써 쾌락원칙은 지배하고 있는 작인(作因)

주

우연적인 것이라는 대답을 내놓는다. 76쪽은 여섯 번째 강의인 「프로이트, 헤겔 및 기계」의 마지막 부분으로서 "뇌는 꿈 기계이다"라고 하면서 가장 무의식적인 수준에서 의미와 말이 나타나고 만개하는 것이 바로 이 꿈 기계라는 유명한 문구가 나온다. 상징의 작용과 상징의 표현도 이 꿈 기계에서 이뤄진다고 말한다.

3) 이 단락과 다음 단락을 제대로 이해하려면 일차과정, 쾌락원칙 및 지각 동일성의 연관성을 알 필요가 있다. 일차과정과 이차과정은 프로이트가 도입한 정신기구의 두 가지 기능으로서 쾌락원칙과 현실원칙에 상관관계를 갖고 있다. 지형학적 관점으로 일차과정은 무의식계의 특징이 되고 이차과정은 전의식-의식계의 특징이 된다. 경제학-역동적 관점에서 일차과정은 정신적 에너지가 자유롭게 흐르는 전치와 압축의 기제에 따라 관념에서 관념으로 옮겨 다니면서 무의식적 소원(원초적 환각)에 뿌리를 둔 충족경험과 결부된 관념에 완전히 재투자하는 경향을 보인다. 이차과정은 에너지의 흐름이 통제되는 방식으로 흘러서 더 안정적인 관념에 투자되고 충족이 연기됨으로써 다양한 충족의 길을 찾아내게 된다. 또한 일차과정은 충족체험에서 나오는 대상의 이미지와 동일한 지각을 찾아내려는 노력(지각 동일성)을 목표로 삼고 이차과정은 사유들 사이의 동일성(사유 동일성)을 추구한다.

이 된다는 것, 즉 사과를 떨어뜨리는 작인으로서 중력의 법칙에 대한 사유와 비교할만한 관념이 된다는 것을 암시해 줄 수도 있다. 그러나 자연의 법칙은 단순히 사물들이 작동되는 방식, 한 체계의 요소들이 상호작용하는 방식, 다시 말해, 어쩌면 그것들이 상호작용하여 특정한 방향으로 향해가는 방식에 대한 명백한 진술이 될 뿐이다. 쾌락원칙은 바로 그러한 진술이다.

라깡에게 있어서 인간과 인간세계를 구조화해 주는 것은 언어의 법칙으로 구성되어 있다. 다른 장면은 그가 '대타자' 라는 용어를 붙였던 언어의 장소이다. 그의 대리인(어머니, 아버지, 분석가, 신)을 넘어선 대타자의 법은 오로지 발견될 뿐이지 행위자에 의해 만들어지거나 부여되는 것도 아니라고 라깡은 다음과 같이 말하고 있다.

> 시니피앙의 장소라는 대타자의 개념으로부터 출발해 보자. 그 어떤 권위의 언표(statement)도 바로 그 언술행위(enunciation) 이외의 다른 보증은 없는데, 언표가 그 장소 밖에서는 결코 나타날 수는 없는 다른 시니피앙에서 그것을 찾아내려고 하는 것은 무의미할 것이기 때문이다. 나는 말해질 수 있는 그 어떤 메타언어도 없다고, 혹은 더욱 경구적으로, 대타자의 대타자라는 것은 없다고 말함으로써 이것을 공식화한다.. 또한 입법자(법을 세운다고 주장하는 사람)가 그 틈새를 보충하려고 나설 때 그는 사기꾼으로서 그렇게 하는 것이다.
>
> 그러나 법 그 자체는 사기꾼이 아니고, 그것을 근거로 하여 자신의 행동을 정당한 것으로 인정하는 그 사람도 아니다.
>
> 아버지가 그 법의 권위의 최초 대리인으로 간주될 수 있다는 사실로 미뤄보면, 그가 어떤 특별한 존재방식으로 대타자, 즉 어머니의 자리를 실제로 차지하게 되는 주체를 넘어서 그 자신을 유지하게 되는지 우리가 그것을 확인할 필요가 있다는 것이다. 따라서 그 문제는 한걸음 뒤로

밀쳐 두게 된다.(1977a: pp. 310-11)[4)]

> 따라서 대타자는 듣고 있는 그와 함께 말하는 내가 구성되고 있는 장소이고, … 이 장소는 멀리 확장되어 말의 법칙들이 지배하는 곳으로서 주체에게까지 뻗치는데, 다시 말해서, 프로이트가 그것의 무의식적인 영역과 그것을 구조화하는 법칙을 발견했기 때문에 자아로부터 그것의 암호를 취해온 그 담론을 넘어서까지 뻗치게 된다.(1977a: p. 141)[5)]

나는 '그것의 무의식적인 영역'이 자아, 즉 의식적이고 방어적인 자아를 가리키기를 바라지만, 당연히 라깡에 있어서 그것은 항상 '대타자'를 가리킨다. 라깡한테서 자아는 본질적으로 방어의 구조이다. 자아와 그의 상상적인 대상들, 즉 자아와 그것의 이자관계들(대타자의 장소에서 상징적인 아버지에게 접근하지 않으면서, 방어적으로 동일시적이며 대타자로부터 폐쇄적인 것을 의미하는 것)은 대타자의 장소에 있는 분석가와 역시 대타자의 장소에 있는 피분석자의 무의식적인 주체와의 사이에 서있고 횡단하며 그 둘 사이의 담론을 방해한다. 라깡이 기록하기를, 분석가는 "그의 말이 건네지는 대타자와 그의 앞에서 그가 보고 있는 그 사람인 두 번째 타자 사이의 근본적인 차이점을 철저히 확인해야 하는데, 그의 앞에서 그것이 추구하고 있는 담론에서 첫 번째가 그에게 말하고 있는 그 사람에 대하여 또한 그 사람에 의해 그렇다"(1977a: p. 140).[6)]

따라서 자아로서의 '나'와 언어의 무의식적인 주체로서의 '나'가 있게 된다. 그러나 라깡을 따라서 개념적인 분열로부터 지불되어야할 대

---

4) 저자가 인용하고 있는 Alan Sheridan의 번역과 약간의 차이를 보이는 B. Fink가 재번역해 출판한 *Écrits A Selection*(2002 New York: Norton) 298-99쪽을 참고하여 역자가 수정 번역함.

5) B. Fink(2002)의 『에크리』(133쪽)를 역자가 수정 번역함.

가 뿐만 아니라 얻어질 이득도 함께 살펴보자.

> 그렇다면 내 자리에서 생각하고 있는 것이 또 다른 자아인가? …
>
> 사실상 이 점에 대해서는 아무런 혼란도 있을 수 없다. 프로이트의 연구가 우리에게 알려줬던 것은 이중인격의 다소 흥미로운 몇 가지 경우가 아니었다. …
>
> 프로이트의 발견이 인간에게 제시해 주는 목표는 다음과 같은 감동적인 말로 그의 사유의 정점에서 규정되었다. Wo es war, soll Ich werden. 그것이 있었던 곳에 나는 반드시 존재해 있어야 한다.
>
> 이 목표는 재통합과 조화의 하나이고, 나는 화해(Versöhnung)에 대해서도 말할 수 있다.
>
> 그러나 만일 우리가 인간이 직면하게 되는 그 자신에 대하여 자기의 근본적인 유별남—달리 말해, 프로이트가 발견했던 바로 그 진실—을 무시한다면, 우리는 정신분석적인 중재의 질서와 경로를 모두 저버리게 될 것이다. …
>
> 프로이트의 발견이 인간 내부에 입을 벌리고 있음을 보여주는 근본적인 타율성은 근본적으로 부정직한 것임을 숨기려고 하는 그 무엇이든 그것 없이는 더 이상 감춰질 수가 없다.
>
> 그렇다면 내 자신에 대한 나의 동일성의 핵심에 대해 내가 가장 크게 동의하는 데에서 그가 조정하고 있기 때문에 내가 내 자신보다 더욱 애착을 느끼는 이 사람은 어떤 타자인가?
>
> 오로지 두 번째 세력으로 키워진 타자성에서 그의 현존은 이해될 수 있을 뿐인데, 내 자신으로부터, 마치 빼쏜꼴(유사자: semblable)로부터 분리된 내 자신에 관련하여 중재하는 위치에 그를 이미 놔두고 있다.

주

6) B. Fink(2002)의 『에크리』(132쪽)를 역자가 수정 번역함.

> 만일 내가 무의식이 대타자(대문자 O의 the Other)의 담론이라고 말해 왔다면, 그것은 욕망의 인정이 인정에 대한 욕망에 연결되어 있는 저편을 가리키기 위한 것이다. 달리 말해서, 이런 타자는 나의 거짓말이 존속시키는 진실의 보증인처럼 나의 거짓말조차도 불러내는 대타자가 된다.
>
> 여기서 우리는 진실의 차원이 언어의 출현과 함께 나타난다는 것을 알게 된다.(1977a: pp. 171–72)[7]

'또 다른 나' 라는 개념에 대한 라깡의 반박은 그 정도의 것이다. 분명히 그는 분리된 인격에 대해서 말하지 않고 있다. 그 대신 그는 인간의 타율성이란 핵심문제를 개념화하고 있다. 그러나 그는 여전히 은유적일 뿐만 아니라 개념적으로 또 다른 '나' 인 언어의 무의식적 주체에 대조하여 자아의 '나' 에 대한 사유에 관여하고 있다(Gallop, 1985: pp. 155–56).[8]

자아와 상상계에 대한 그의 처리방법으로 진행해가기 전에 "무의식은 언어처럼 구조화되어 있다"는 말로서 라깡이 무엇을 의미하는지 그의 종합적인 진술 가운데 하나를 들어보자.

> 기억하기와 상징적인 인식의 법칙들은 사실상 그 본질과 표현에 있어서 상상적인 회상의 법칙들과 다르고 …

주

7) B. Fink(2002)의 『에크리』(162–63쪽)를 역자가 수정 번역함. 우선 눈에 띄는 차이는 셰리단의 'I' 와 'split personality' 를, 핑크는 'ego' 와 'dual personality' 로 번역하고 있음.
8) 이 부분의 이해를 돕기 위해, Jane Gallop의 *Reading Lacan*에 나오는 두 문장을 살펴보자. "그것은 주체가 나뉘지지 않은 채 완전하다고 말하는 것이 아니라 그 분할이 그렇게 산뜻하지 않다고 말하는 것이다. 라깡은 이드가 두 번째 자아로 생각되어서는 안 된다고 말하고, 두 기관들이 동일한 정신 속에 거주하는 두 자아들, 즉 두 주체들로 생각되어서도 안 된다고 말한다."

> 상징적인 기억의 특성을 파악하려면 가장 간단한 상징적인 순서(sequence), 즉 현존과 부재의 교대를 내포하는 일련의 기호들에 대해서… 한번 연구해보는 것으로 충분하며…. 그런 다음 이 순서를 가장 간단한 방법으로, 다시 말해 새로운 시리즈를 만들어내는 세 항목의 순서를 분리해냄으로써 정교화하면, 구문론적 법칙이 생겨서 선행사들에 의해 요구된 보상이 충족될 때까지 특정한 가능성의 배제를 새로운 시리즈의 각 항목에 부여하게 된다.
>
> 프로이트의 발견은 상징적 법칙에 의해 곧바로 이런 결정론의 핵심으로 가게 되었다. 왜냐하면 무의식에서… 그는 결혼과 혈족관계가 기초를 두고 있는 법칙의 심급(instance)을 인식해냈기 때문인데, 『꿈의 해석』에서 이미 그 핵심동기로서 오이디푸스 콤플렉스를 설정해 두고 있다(1977a: pp. 141-42).[9)]

그것은 꽤나 완벽하다. 그것은 구조주의 시각이다. 그 진술은 프로이트에 나오는 수많은 문장에서 그런 것처럼(스미스, 1978), 이론상의 무의식과 사실상의 무의식 사이의 구분, 즉 인지적 무의식(피아제, 1973)과 피억압물 사이의 구분을 애매하게 만드는 것 같다. 그러나 언어의 법칙들은 원칙적으로는 무의식이지만 그런데도 피억압물을 구성하고, 또한 라깡에 있어서는 그 법칙들이 피억압물 뿐만 아니라 의식과 오이디푸스 콤플렉스 및 문화적인 질서도 구성하게 된다.

주

9) B. Fink(2002)의 『에크리』(133-34쪽)를 역자가 수정 번역함. 언어학에서 '순서'는 시간이라는 선형적인 일차원의 세계에 있어서 앞뒤가 지정되는 관계를 말하고, '서열'(order)은 두 항목 사이의 의존관계나 구성성분관계를 지정하는 추상적인 구조에 관계한다.

상상계의 질서

앞에 인용된 문장에서 라깡은 "기억하기와 상징적인 인식의 법칙들이… 상상적인 회상의 법칙들과는 다르다"는 말로 시작하고 있다. 라깡이 각각의 영역에서 적법성의 본질과 표현을 논의함으로써 그러한 대조를 확정시키는 것으로 기대할 수 있다. 그보다도 그는 상상계의 특징으로 삼는 '느낌이나 본능적인 각인의 메아리' (1977a: p. 141)에 대한 언급을 넘어서서 상상계에서의 적법성을 옆으로 밀쳐두고 오로지 상징계의 적법성에 대해서 쓰고 있으며, 그곳으로부터 무의식의 핵심동기로서 오이디푸스 콤플렉스에게로 직접 나아가고 결혼동맹과 혈족관계의 법칙의 심급으로써 무의식에게로 직접 나아가고 있다.

그가 어딘가 다른 곳에서(라깡 1977b: p. 11) 법의 부재를 의미하는, 즉 질서가 아닌 것으로 특징을 삼는 실재계와는 반대되는 것으로, 상징계와 상상계 둘 모두에 적법성을 부여하고 있다는 것은 주목되어야 한다. 내가 이해하기로는, 상징계와 상상계는 서로 다른 두 가지 '언어' 들이다. 그 각각은 그 나름의 문법규칙을 갖고 있지만 둘 모두 쾌락원칙이란 보편적인 적법성을 공유하고 있다. 언어의 출현은 새로운 조직화의 결과이고 새로운 구조적인 조건인데, 그런 조건하에서 쾌락원칙의 통제규칙이 프로이트에 의해 현실원칙으로 개념화되었던 방향으로 변해가는 것이다. 인용된 문장에서 답하지 않고 그냥 남겨둔 문제는 다음과 같이 생각된다. 상상적인 능력, 상상적인 수행능력, 즉 상상적 질서의 구조화는 언어의 필수적인 예비행위가 되고 따라서 상징적 질서에게로 오이디푸스적인 접근을 해볼 수 있는 그 어떠한 가능성의 필수적인 예비행위가 된다는데 어떻게 그러한가?

여기서 나는 되돌아가야만 한다. 나는 앞에서 넓은 의미에서의 언어, 즉 이미지 만들기를 포함하는 언어를 비강압적인 시기에 이루어지는 놀이의 한 형태로 보았으며, 나는 인간들이 그들의 상대적인 미숙성 때문에 계통발생학적으로 또 개체발생학적인 언어로 전환된다고 추측했다. 만일 그렇다면 누가 그것을 (신체적 욕구와 충족의)실재계로부터 상상계로의 다행스런 전환이 아닌 다른 어떤 것으로 생각할 수 있을까? 그러나 나는 자유롭게 움직이는 전치와 더욱 다양해진 불균형 센터들에 대한 더 폭넓은 반응에도 불구하고 그런 비강압적인 일차과정 사유가 여전히 쾌락원칙의 법칙에 의해 조지화되어 있다고 말했다. 내 논의의 요점은 라깡이 이런 적법성을 명백하게는 상징계의 영역에서, 암묵적으로는 상상계의 영역에서 언어의 법칙으로 확인했다는 점이다. 전치와 압축(환유와 은유)은 일반개념으로써의 쾌락원칙에 따라 일어나게 된다.

라깡은 1953년의 『로마강연』 이전에 "이마고를 심리학의 고유한 연구로 간주했고 동일시를 근본적인 정신과정으로 간주했다. 그렇다면 상상계는 의식적이거나 무의식적인 이미지들, 지각되거나 상상된 이미지들의 세계이고 영역이며 차원이었다"(Lacan, 1977a: p. ix에 나오는 Sheridan의 역자서문). 1953년 이후로 라깡의 사유에서 상징계의 우위와 함께 상상계는 자아의 기능으로 축소되었는데, 자아의 기능은 사실상 그런 방어의 심급으로 여겨지는 모든 동일시 양식들과 함께 방어의 요새가 된다. 자아 그 자체는 아이가 8개월에서 18개월 사이에 있을 때 거울단계에서 어머니나 거울에 의해 반영된 신체적인 통일체와 동일시함으로써 성취된 상상적이고 허위인 통일체 감각(영원히 그 자체를 유지시키려는 경향을 보임)으로 여겨졌다.

라깡의 자아, 즉 moi—모든 아이들이 'I' 라고 말하기 전에 소리를 내는 'me' ('엄마' 라고 말하기 전에는 'I' 라고도 못하고 'me' 라고도 못함)—는 그것의 이미지들과 이자관계와 함께 상상적인 관계를 구성한다. 그러나 아이가 'I' 라고 말할 때일지라도 그것은 아직도 말하고 있는 자아이며, 성취되고 방어된 상상적인 통일체이다. 라깡의 'I', 즉 je는 언어의 무의식적 주체로서 대타자의 자리에 있는 무의식적 주체이다.

모든 정신분석가들은 몇 가지 어법을 지니고 있는데, 말하고 있는 '나' 뒤에서 '나'에게 귀를 기울이는 일상적인 실행, 즉 피분석자의 청취와 분석가로서 자기 자신의 청취 두 가지 모두에게 적용되는 실행이다. 그러나 언어의 무의식적 주체라는 라깡의 개념은 혁신적이다. 소쉬르와 야콥슨에 의해 발전된 의미로부터 각색되어진 시니피앙은 다른 시니피앙에 대한 주체를 나타낸다. 라깡한테서 시니피앙은 지시대상과의 평범한 연결로부터 뿐만 아니라 시니피에라는 소쉬르의 의미로부터도 떨어져 나와 자유롭게 떠다니고 있다. 시니피앙은 오로지 서로와의 관계에서 그 가치를 획득하게 된다. 시니피앙들의 체계—언어—는 상징적 질서이다. 여기서 '나의' 시니피앙으로서 다른 시니피앙에 대한 주체를 나타내는 시니피앙에 대하여 말하는 것은 그다지 옳지 않을 것이다. 언어의 무의식적 주체로서의 '나'는 시니피앙의 효과인데, 그 밑에서 '나'는 사라져간다.

나는 이미 넓은 의미에서의 언어가 말을 효과적으로 구성하는 것과 똑같이 원초적인 이미지를 구성하는 것으로 간주되어야 한다고 주장한 바 있다. 실재계가 현실적인 것처럼 조우될 수 있는 것은 상상계와 상징계의 덕분이다. 이미지와 말은 그런 사건에서 둘로 나뉠 수 있는 언어적 범주가 될 것이다. 라깡에게서 볼 수 있는 것처럼 정동으로서의 쾌락과 불쾌에 의해 인도되는 항상성 원칙보다는 오히려 일반개념으로서의 쾌락원칙이란 개념에 의해 각 범주의 적법성은 더욱 뚜렷해질 것이다. 그러한 개념적 결여의 결과로 나타나는 것은 상상계와 자아기능(내가 방어적 자아기능이라 부르는 것)에 대한 라깡의 주된 설명이 상징적 거세(영구적인 상실과 분할)에 대해 부정하는 시기를 넘어서는 지속성에 의해 이뤄진다는 것인데, 이때 그런 부정을 강화시키기 쉬운 방어적 동일시(이자관계)가 동반된다. 이러한 강조점은 대단히 중요하다. 하지만 그것은 비방어적인 일차과정 기능을 무시해버리기 쉽다. 그러나 일차과정 사유를 구조화하는 체계 덕분에 첫 번째 이미지는 기억된(또한 예기된) 충족경험에 대한 이미지가 된다. 라깡이 '줄일 수 없고 무의미한' 시니피앙에 대해 이야기하고 또한 "X로서의 주체가 오로지 원억압(Urverdrängung)으로부터, 즉 이런 첫 번째 시니피앙의 필연적인 추락으로부터 구성될 수 있는 바로 그 시기의 논리적인 필연성"에 대해 이야기하는 문장에서(라깡 1978a: p. 251), 나는 다음과 같이 읽어내게 된다. 첫 번째 시니피앙, 즉 첫 번째 이미지는 유아가 시니피에나 지시대상에 대한 의식적 지식도 무의식적 지식도 갖지 못한 채 나타나게 되리라는 것이다. 그러나 욕구와 부재하는 대상 및 타고난 능력들이라는 체계 덕분에 우리는 시니피앙이 유아에게 접근할 수 있는 것을 넘어서는 그런 의미를 운반한다고 말할 수 있다.

주체성을 암시해 주는 첫 번째 시니피앙은 그 첫 번째 것이 관련될 수 있는 동일한 암시를 실어 나르는 그 어떤 다른 시니피앙들보다도 먼저 억압된다. 그것이 억압되는 까닭은 그것이 무의미(無: nothingness)하고 그러면서도 상징적인 통일체의 분리와 상실을 암시해 주기 때문이다. 그러한 억압은 주체로서의 취임행위가 된다. 주체는 부정을 통하여, 즉 그의 주체성을 알려주는 바로 그 시니피앙의 억압을 통하여 존재하게 된다. 그 기본이 되는 행위가 일종의 자살이다.

처음으로 자신의 주체성을 알려주는 시니피앙과의 조우는 빈손으로 이 세상에 내던져짐을 경험하는 것이다. 그런데도 무(無)를 알려주는 빈손의 시니피앙이 주체성과 세상의 의미를 실어 나른다는 생각은 자신의 내던져짐에서 자신이 신의 손 안에 있다고 말하는 것과 약간은 비슷하다. 제6장에서 논의하겠지만, 자신의 의식적 혹은 무의식적 파악을 넘어서서 의미구조를 유지한다는 생각은 개개인의 선사시대에 아버지와의 동일시라는 프로이트의 개념에서 가장 기본적인 수준의 의미로 간주될 수 있다고 믿어진다.

자아와 대타자

상상계와 상징계라는 개념은 당연히 상상계의 경우에는 원시적이고 (만일 그 시기를 넘어서면) 방어적인 기능과의 어떤 종류의 연결을 나타내고, 상징계의 경우에는 비방어적인 기능과의 연결을 나타내게 된다. 그것이 겸손한 표현이다. 처음에 어떤 범주들이 선택되거나 중간에 바뀌더라도, 평생 환자들과 작업해온 라깡 같은 날카로운 임상가에 의하여 그 범주들은 풍부해질 수밖에 없을 것이다. 그의 최초의 개념적인 선택들이 그의 작업에서 얻어진 통찰과 잘 어울리는지 그 여부를 결정하는 일은 그를 따르는 사람들에게 남겨져 있다.

내 자신의 판단으로, 주체의 무의식적인 '나' 로부터 분화된 방어적인 자아로서 그의 '나' 는 중요한 방식으로 모든 임상가들의 은유적인 사유와 잘 어울리겠지만, 그것은 의식적으로나 무의식적으로 또한 방어적으로나 비방어적으로 전개될 수 있는 기능들의 개념보다는 그 알뜰함이 덜한 이론이라고 비난을 받을 수 있는데, 자아의 개념이 흔히 그 기능들에 부여되고 있다. 그것은 구조 내의 갈등이란 생각을 허용해주는 개념이다.

이것이 프로이트의 자아개념이며, 그것은 인간의 근본적인 타율성을 포함하지 못했고 지금도 포함하지 못하고 있으며, "이드가 있었던 곳에 존재하게 되는 일이 내 의무가 된다"는 임무도 포함되지 않고 있다. 만일 라깡 자신의 개념이 프로이트의 이드 자아 및 초자아의 개념들보다 '내'가 주체라는 것을 더 적절히 포함한다고 생각했으며 특히 무의식의 모습을 더욱 적절히 그려냈더라면, 그는 그것들 없이도 잘 해냈어야 하고 자신의 것(개념)으로 대체했어야 한다. 그 대신 라깡은 프로이트의 자아개념이 방어의 요새로서 그 자신의 자아개념이라고 잘못 주장하고 있었다.

그가 '나'를 두 가지로 분리시킨 것에 대한 대가, 즉 대체로 의식적이고 방어적인 자아의 방어적인 '나'와 주체의 무의식적인 '나'로 분리시킨 것에 대한 대가로 간주되는 것은 이쯤 해두자. 그렇다면 그 이점은 무엇이라 생각할까?

자기 자신과 자신의 세계에 대한 무의식적 지식은 언제나 의식의 험로로부터 수집되고 종합될 수 있는 것을 능가해 버린다. 그러나 라깡의 대타자 개념으로서 '나의' 무의식적 지식이란 생각은 그 방향을 바꾸게 된다. 무의식적일지라도 '내'가 대타자의 지식을 갖고 있다는 것은 아니다. 오히려 대타자가 나를 구조화한다. 다시 말해, 대타자의 중재 덕분에, "지식의 대상이 될 수 있는 것을 획득하는 것이 아니라… 우리의 존재를 만들어내는 것, 또한 우리의 변덕, 우리의 일탈, 우리의 공포증과 페티시(fetish)에서 우리의 다소 문명화된 인격에서만큼 또한 그보다 더 많이 증언하게 된다고 그에 대해 [프로이트가] 우리에게 가르쳐준… 것을 획득하도록"(라깡 1977a: p. 174) 우리를 인도해준다.

대타자는 "그 어떤 일정한 방식으로도" 규정될 수 없는데, "왜냐하면 라깡한테서 그것은 이러한 대타자의 내면화(우리는 대타자가 욕망하는 바를 욕망한다) 뿐만 아니라 신경증 환자의 요구들을 건네게 되는(대타자에 대한 간청) '중요한 타자' [예를 들어, 대타자의 자리에 있는 어머니]를 표상하면서 동시에 무의식적 주체 그 자체 혹은 그 자신(무의식은 대타자의—혹은 대타자로부터 오는—담론이다)을 표상하는 기능적인 가치를 지니기 때문이라"고 윌든은 주장한다(Wilden, 1968: pp. 263-64). 무의식은 초개인적이고 간주체적이며, 오로지 "그것이 초개인적인 한에 있어 구체적인 담론의 그러한 일부"가 되는 것은 아닌데, 그것은 "그의 구체적인 담론의 연속성을 재정립하려는 주체의 경향에 놓여 있지 않다"(라깡의 「자기의 언어」, 1968: p. 265에 나오는 Wilden의 논문)는 것으로서, 라깡이 대타자의 개념을 고안해내기 이전의 진술이다. 그것은 초개인적이어서 그 안에 나를 구조화하는 체계가 대타자의 자리에 어머니를 포함시키고 나중에는 아버지와 부성기능의 은유로서의 아버지의 이름을 포함시킨다.

언어 이전에 성취된 전의식적인 조직화는 어머니로부터 첫 번째 수준의 분화이지만 어머니와의 관계는 강렬한 대상결합을 유지할 뿐만 아니라 오이디푸스 해결 때까지는 동일시적인 관계양식(즉 라깡이 '상상적인' 것이라 부르는 이자 양식)을 유지하기도 한다. 비동일시적인 간주체성이 확립되는 시기는 상징적 거세, 젠더, 유한성, 파괴할 수 없는 자신의 욕망, 그리고 결여로 표시되는 자신의 주체성을 떠맡는 오이디푸스기 동안이다. 오이디푸스적인 이행은 그가 자신의 존재의 창시자가 아니라는 발전적인 확인을 허용해 주는데, 그것은 대타자에 비추어 진행 중인 비동일시적인 간주체적 생활방식을 위한 근거가 된다.

펠만은 다음과 같이 쓰고 있었다.

> 오이디푸스를 상상계와 상징계 간의 질적인 차이를 구성하는 것으로 보는 라깡의 지각작용에서 중요한 문제가 되는 것은 상징계의 삼각관계가 상상계의 이원성을 전복시키는 이야기로 작용한다는 사실이다. 오이디푸스 드라마는 제3자의 위치에 차이를 도입함으로써 거울에 비친 착각의 전복을 신화적으로 요약해 주고 있다. 제3자는 아버지, 법, 언어, 죽음의 현실 같은 것으로서 그 모두를 라깡은 무의식(자기 자신에 대하

여 타자임)을 구성하는 대타자로서 나타내는데, 무의식 속에서 그것은 자기와 타자 사이 또한 자기와 자기 사이에서 보는 자기애적인 거울상의 관계를 전복시키면서 동시에 그런 관계에 대해 근본적으로 외심적(外心的 ex-centric)이다.(Felman 1987: p. 105)[10)]

주

10) 아버지, 아버지의 이름(父名) 및 법에 대한 간단한 설명은 Felman(1987) 168쪽의 각주를 참조하시오. 대타자의 담론으로서의 무의식에 대한 설명은 120-28쪽을 참조하시오.(저자) [168쪽 5번의 각주에서 펠만 교수는 라깡의 *Écrits* pp. 277-8를 참조하여 다음과 같이 설명하고 있다. "사실상 부성기능은 유일한 사람에 의해 표상될 때일지라도 그 기능은 상상적인 관계와 실재적인 관계에 동시적으로 집중되어 있고, 그것을 구성하는 상징적인 관계에는 항상 다소간 부적절하다. 역사의 여명기로부터 그의 사람을 법의 인물로 확인해왔던 상징적인 기능의 지지를 인정해야 하는 것은 아버지의 이름에서 이뤄진다." 또한 제5장 「오이디푸스를 넘어서」의 '무의식은 대타자의 담론이다' 라는 소절(pp. 122-128) 가운데 역자가 정신분석 치료에 중요한 것으로 읽었던 부분을 소개해 볼까 한다. 이 소절은 클라인의 Dick 사례가 성공적으로 치료되었던 이유를 라깡이 첫 번째 세미나에서 나름대로 해명했던 부분을 펠만 교수가 인용하면서 시작된다. 프로이트가 무의식을 맨 먼저 발견한 사람이 아니라 무의식이 말한다는 사실을 처음으로 발견한 사람이라는 것이다. 클라인이 치료자로서 행동할 때에도 무의식은 대타자의 담론인데, 이 진술이 의미하는 것은 분석가가 자신의 무의식으로부터 말하고 언어에 기록된 자신의 기명으로부터 말한다는 것이다. 정신분석적인 해석자는 자신의 해석의 진실을 소유하지 못하고 자신이 전달하는 무의식적 담론을 소유하지 못하는데, 그 이유는 무의식적 담론의 진실이 근본적으로 분석적인 대화에서만 나올 수 있기 때문이다. 따라서 그것은 분석가의 것도 아니고 환자의 것도 아니다. 클라인과 딕 사이에 순간적으로 형성된 한 짝 속에서 진정한 말이 생성될 수 있다. 그러니까 무의식의 진정한 말은 딕의 것도 아니고 클라인의 것도 아니다. 이처럼 대타자는 정신분석적인 대화의 구조 가운데 제3자의 위치에 존재하고, 분석가의 무의식적인 담론과 환자의 무의식적인 담론 사이에 이뤄지는 적절한 구조적인 구어적 일치에 의해 생성되는 무의식적 언어의 자리가 된다. 라깡은 정신분석 상황의 중요성이 오이디푸스에 새로운 빛을 던져준 구조적 중요성을 가리키는 것으로 보고 있다. 다시 말해, 무의식이 대타자의 담론이라는 진술은 정신분석적인 대화의 구조에서 제3의 참여자를 발견한 순간이 되는 것이다.]

제3장

자아와 욕망과 법

충족경험의 본질적인 구성요소는 특수한 지각작용이며… 그때부터 욕구에 의해 만들어진 자극의 기억흔적과 연합되어 있는 기억 이미지이다. 그렇게 확립되어 왔던 연결의 결과로써 이러한 욕구가 일어난 다음에 정신적인 충동이 한꺼번에 출현하게 될 것이고, 그 충동은 지각작용의 기억 이미지에 다시 카텍시스하려고 하며 지각작용 그 자체를 다시 불러내려고 하는데, 다시 말해, 원래의 충족상황을 다시금 확립하려고 할 것이다. 이런 종류의 충동이 우리가 소원이라 부르는 것이다(프로이트 『표준 영역본』 5: pp. 565-66).

소원과 욕망

이미지에서의 원초적인 사유는 소원하기이다. 대상의 이미지와 그에 동반되는 정동은 그 대상에 대한 욕구를 나타낸다. 이런 원초적인 형태로서 소원하기와 구별되지 않는 사유는 욕구에 의해 불러일으켜진다. 만일 그 욕구가 절박하고 강압적이면, 그렇게 해서 소원이 될 것이다. 언어의 습득과 함께 사유는 (항상은 아니더라도) 대개 이차과정의 수준에 놓여 있는데, 이차과정의 수준은 언어를 기본으로 삼고 비교적 중립적이며 논리적으로 강제적인데다 시간적으로 그 방향이 정해져 있다. 이차과정 사유에는 동기가 없는 것은 아니지만, 소원하기의 요소는 대체로 상호 연결된 '상위수준' 영역의 불균형으로부터 유래되는데, 그 불균형은 기본적인 욕구들과 욕동들로부터 제거되어 중립적인 것처럼 보이는 그런 최소한의 절박함을 지니게 된다. 그런 의미에서 그것은 원초적인 비강압적인 경험의 비교적 중립적인 이미지를 닮아 있다.

절박한 욕구에서도 비교적 중립적인 어른스런 사유는 성취된 자아의 자율성에 의해 확인된 능력이다. 유아에게서 비강압적인 경험의 비교적 중립적인 이미지는 전적으로 절박한 욕구의 부재에 달려 있다.

'소원'은 프로이트의 Wunsch에 밀접하게 상응한다. 그러나 셰리단이 우리에게 말하듯이 프랑스의 번역자들은 "언제나 Wunsch와 wish에 해당하지만 현대 프랑스어에서는 널리 쓰이지 않는 'voeu'(서원, 기원, 소원)보다는 차라리 'désir'를 사용해 왔다. 한편 Wunsch 및 wish와 다른 한편 'désir'와의 사이에 있는 중요한 차이점은 독일어와 영어 단어들이 소원하기라는 개인적이고 격리된 행동에 국한되어 있지만 프랑스어는 계속적인 힘이라는 훨씬 더 강력한 의미를 지니고 있다는 것이다. 라깡이 정교화하고 자신의 정신분석 이론의 중심에 놔두었던 것도 바로 이런 의미이며…. 더구나 라깡은 욕망의 개념을 …[특별한] 방식으로 욕구(besoin)와 요구(demande)에 연결시켜 왔다"(Lacan, 1978a: p. 278; Lacan, 1977a: pp. 256-57 참조).

따라서 욕망은 유리한 입장에서 프로이트의 언어를 침식해간다고 생각된다. 그것은 무의식적인 소원의 파괴-불가능성이란 프로이트의 생각에서 계속적인 힘이란 생각을 인계받거나 지적해내고 있으며(라깡 1978a: p. 31), 프로이트의 에로스에 대해서도 그러하듯이 리비도 개념에 여러 가지 방식으로 침범하고 있다. 욕구—신체적인 욕구, 생리적인 불균형—는 먼저 정신적인 불균형으로 표현되는데, 그 다음에는 관념작용과 정동의 수준에서 원초적으로 표현되고 있다. 요구는 특수한 소원의 표명을 가리킨다. 여기서 '표명'(articulation)의 의미는 요구의 구어적 언술행위를 가리킬 뿐만 아니라 의미의 항목으로서 이미지를 포함하기도 한다. 분화와 통합의 전(前)언어적 단계는 그러한 의미항목들 간의 관계의 발전적인 정립에 의존할 것이다.

나는 라깡의 용어를 채택할 수 있고, 또한 만일 그의 용어가 어떠한 '시니피앙'도 시니피에와는 무관하게 존재할 수 없다는 나의 주장에 응용될 수 있다면, 비록 원초적인 이미지에서 아직 시니피에가 알려져 있지 않을지라도 나는 이미지의 흐름을 시니피앙의 흐름이라 부를 수 있다. 그런 의미에서 그것들은 소쉬르가 언어의 '기호'라고 불렀던 것과 비슷하거나 그 기호의 원초적인 형태이다. 일차과정 사유에는 그러한 시니피앙에 고정된 지시대상을 할당시키는 관례가 없다는 사실이 시니피앙 밑에 시니피에의 흐름이란 라깡의 생각에 어떤 여지를 마련해 주게 된다. 다시 말해서, 동일한 시니피에가 그 다음 순간에는 다른 시니피앙에 연결될 수 있다는 것이다. 그러나 그것이 나타나는 순간에 그것이 의식적으로나 무의식적으로 의미하는 것과의 연결이 결여될 수 있는 그런 시니피앙은 없다. 아마도 라깡에게서 시니피앙이 주체를 표상한다는 사실에 의해 그 기준은 충족될 것이다. 그 어떤 경우에서든 그 기준은 오로지 시니피앙들 사이에 성립된 관계 덕분에 의미가 구성되고 시니피에와 그의 지시대상이 드러나게 된다는 라깡의 집요한 자세에도 여지를 마련해 주게 된다.

어떤 시니피앙의 의미, 즉 시니피에와 지시대상은 의식적으로 알려져 있지 않을 것이고, 그런 의미에서 유아의 마음속에는 아직 형성되지 않거나 구성되지 않고 있다. 그러한 의미는 의미화 연쇄에 어떤 연결을 형성시키는 시니피앙 덕분에 드러날 수 있을 뿐이다. 우리는 한 걸음 더 나아갈 수 있다. 즉 무의식적 지식이라도 발전적인 조직화를 따른다는 가정 하에 신생아는 무의식적일망정 시니피앙의 의미를 알지 못할 것이다. 그러나 의미는 그곳에서 욕구와 욕구의 부재된 대상의 체계에 의해 구성되며, 무의식적인 혹은 의식적인 인식이 드러나길 기다리고 있다. 이미지는 의도적인 것이 아니라면 적어도 지향적이다. 그것은 쾌락원칙의 법에 의해 통제된다.

라깡은 "욕망이… 쾌락원칙에 의해 부여된 문지방을 넘고 있다"라고 썼다(라깡 1978a: p. 31). 이런 진술과 그 진술이 들어있는 문장과 다른 곳에 있는 유사한 문장들에서 라깡이 쾌락원칙을 정동으로서의 쾌락과 불쾌에 의해 인도되는 항상성 원칙으로 간주했음을 반복적으로 보여주고 있다. 라파포르트(1960: pp. 875-77)는 쾌락원칙이 '가장 흔히 그리고 가장 철저하게 오해되고 있는 정신분석 개념'이라고 썼다(p. 875; 1953: p. 504; Rapaport & Gill, 1959: p. 802). 라파포르트는 쾌락원칙이 "그 자체로는 쾌락이나 고통과 관련된 그 어떤 것도 갖지 않는다"(1957-59, 1: p. 74)는 자신의 진술에 따라 "항구성 원칙, 열반원칙 및 반복강박이 다양한 구조적 조건 하에서 쾌락원칙의 표현이 된다"고 주장했다(1960: p. 877). 나는 변화된 구조적 조건 하에서 쾌락원칙의 가장 명백한 표현이 현실원칙이라고 주장해 왔다(1977). 라파포르트는 내부적인 일관성으로 주장될 수 있는 것을 목표로 삼아 프로이트를 읽음으로써 쾌락원칙이 어떻게 이해되어야 하는지 그에 관하여 분명하게 밝혔다. 하르트만(1956: p. 249)과[1] 라깡은 그렇지 않았다.

주

1) 나는 「이원론의 재검토: 샤퍼, 하르트만 및 프로이트」라는 논문에서 하르트만이 쾌락원칙에 대해 반드시 말했어야 하는 것에 관하여 썼다. "그것은 이와 같은 것이 될 수 있었다. '실제로 세 가지 통제원칙들이 있는 것이 아니고, 진실을 말하자면, 두 가지도 있지 않다. 현실원칙으로 변형되고 있는 쾌락원칙에 대하여 이야기하는 모든 것은 그저 변화된 구조적 조건들을 가리키는 속기법일 뿐이었다. 그러나 우리는 지금, 예를 들어, 기능의 변화와 이차적 자율성 같은 변화된 조건들을 가리키는 더욱 다양하고 더욱 자세한 다른 개념들을 갖게 되는데, 그 개념들은 발달의 특수한 측면들에 적용될 수 있다.' 그는 다음과 같이 계속할 수 있었다. '요점은 그 체계가 자기-통제 능력을 갖고 있다는 것인데, 다시 말해, 욕동은 연기되지 않으면 방

비록 내가 반복해서 그것으로 되돌아가고 있지만, 나는 지금 쾌락원칙에 관한 이런 논의에서 출발하여 요구와 욕망을 구분한 라깡의 중요한 견해로 간주되는 것을 추구해가야 한다.

라깡은 요구가 표명-가능한 특수한 소원이면서도 항상 암묵적으로 무조건적인 사랑에 대한 요구가 된다고 주장했으며, 그런 특수한 소원들의 충족이 그와 같은 사랑의 토큰으로 간주된다고 주장했는데(1977a: pp. 265, 286, 311), 그것은 영구적인 현존에 대한 약속으로서의 사랑, 불가능한 사랑의 토큰이다.

우리는 여러모로 아무런 의심 없이 그러한 소원을 절박한 욕구상태에 놓여 있는 유아가 모든 것을 건 무모함의 탓으로 돌릴 수 있지만, 유아가 충족을 단지 특수한 욕구와 소원의 충족 이외의 다른 어떤 것으로 간주한다고 생각하는 것은 가장 원초적인 수준을 넘어 성취하게 된 통일체를 의미하는 것이다. 나는 상위 수준의 통일체, 즉 첫 번째 수준의 유아/어머니의 분화가 아직도 전언어적인 거울(자기애적) 단계에서 전의식적인 구성으로 확립되는 바로 그 시점에서 특수한 요구가 무조건적인 사랑에 대한 요구를 쟁취하기 시작하는 것으로 암시한 바 있다.

당연히 전언어적인 유아가 무조건적인 사랑과 같은 종합적인 생각

주

출을 향하게 되고, 사유나 행동이 위험의 주변을 건너게 될 때 연기되리라는 것이다. 연기의 특성과 동기는 원초적인 기능과 발전된 기능 사이에서 굉장히 변하게 되고, 우리는 각각의 발달단계마다 새로워지는 통제원칙에 이름을 붙이는 일을 피해야 한다. 그렇게 해서 우리에겐 쾌락원칙이 남게 되는데, 불행하게도 통제원칙 그 자체에 작인과 목표와 편견까지 부여되어 있기 때문에 이름이 잘못 붙여진 것이다. 그러나 프로이트는 말하는 방법을 갖게 되고, 우리 모두 따르지 않을 수 없는 ("빛이 있으라"고 말씀하시는 야훼처럼) 그러한 강압적인 일당들과 함께 '쾌락원칙을 인수하게 되었다.' 아마도 통제원칙들에 대해서 또는 한 가지 통제원칙에 대해서도 말하지 않는 것이 더 좋을 듯싶으며, 그 대신에 자가-통제 능력이 변화된 위험상황과 구조적 소산들을 통하여 어떻게 계속되는지 그 방법을 확인하게 되지만, 출생 직후부터 시작하여 불안신호의 욕동/방어 혹은 욕동/통제 모형에 대하여 확인하게 된다. 사실상 이것이 내가 작업해 왔던 바이다'"(스미스, 1986a: p. 559).

을 마음속에 품을 수 있다고 믿는 것은 어른의 모습다운 속성일 수도 있다. 그러나 언어 덕분에, 광의의 언어 덕분에 인간은 자신의 존재에 대하여 걱정하는 생물로 태어나게 된다. 통일과 분리를 향한 각각의 원초적인 단계는 유아의 마음속에서 그의 표상양식이 어떠하든 그러한 최고조의 관심 속에 있는 한 단계이다. 그러한 통일과 그러한 관심의 첫 번째 수준은 오로지 막연한 부족함으로 내보이지만 그 부족함이란 단지 신체적인 욕구들의 충족을 넘어서는 것이다. 훗날의 발달단계로부터 추론해 보면, 그러한 '나머지의' 결여는 무조건적인 사랑에 대한 요구의 최초 표지로 읽힐 수 있다. 그러한 요구차원은 언어 덕분에 이루어진다. 즉 그것은 말할 운명을 타고난 생물에게서 실현될 수 있을 뿐이다. 주체를 언어의 주체로 표시하는 욕망의 발현을 포함하면서 동시에 예고해 주는 것은 바로 요구의 수준이다.

앞에서 언급된 것처럼, 여기서 상위 통일체가 성취되는 거울단계에 대한 나의 강조점은 라깡의 강조점과 대조되는 것으로서 그것이 하나의 성취가 된다는 것이다. 라깡은 그것이 그 시기를 넘어서까지 존속하더라도 어머니를 동일시하고 또한 유아의 잠재적인 통일체가 거울에 비친 어머니 모습을 동일시하는 그런 동일시가 지닌 잠재적인 방어적 특성을 강조하고 있다. 욕망이 대타자의 욕망이라는 라깡의 금언을 설명해 주는 한 가지 방식은 전의식적인 구성의 확립이 자기와 타자의 분화를 향한 한 단계가 되는 반면에 통일체의 첫 번째 수준으로서 그것은 하나의 통일체로서 자신의 자기에 대한 인식이라기보다는 차라리 어머니-유아 단위에 대한 인식이기 쉽다는 것이다. 또한 어머니-유아 단위의 인식에서조차 그 강세는 코헛(1971)의 자기-대상이란 개념[2] 에서처럼 자기에게 두기보다는 대상인 어머니에게 더 많이 두고 있다. 사유는 대상의 이미지 형태로 시작되기 때문에 자기-반사적인 인식의 그 어떤 원초적인 방식보다도 먼저 그 대상에 초점을 맞추는 일이 당연히 뒤따르게 될 것이다(프로이트, 『표준영역본』, 4: 61; 5: 574, 615-16; 피아제, 1971a: 47, 135; 촘스키, 1968: 26, 43, 103, 173).

자기-반사적인 인식의 그 어떤 원초적인 방식보다도 먼저 그 대상에 초점을 맞추는 것에 관하여 언급한 프로이트와 피아제와 촘스키의 그러한 인용문들 뒤에 깔려 있는 생각에 대한 라깡의 주석은 주체의 빗장 지르기 혹은 사라짐 혹은 임페 혹은 분열에 의하여 이루어지고 있다. 크리스테바는 이렇게 썼다.

> 라깡은 환상에서 타대상(objet a)의 전형적인 효능을 발견했는데, 그 이유는 그의 견해에서 환상의 구조가 "시니피앙에 대한 그의 복종을 괴로워하고 있는 분열(Spaltung)에 밀접하게 관련되어 있는 주체의 '사라짐'이나 엄폐의 순간인… 대상의 조건에" 연결되어 있기 때문이다(라깡 1977a: p. 313). 그것은 ($\$\diamond a$)라는 공식으로 상징화되는데, 여기서 ◇는 욕망을 가리킨다(Kristeva, 1987b: p. 387).

역시 문제는 분리(대상과 자기 인식)가 확립된 이후 대상의 최종적인 자리가 된다. 대상의 운명에 대해 라깡이 언급하게 되는 핵심적인 방식은 그가 타대상(objet a)이라 불렀던 것에 의해 정해졌다. 타대상(objet a)은 어떤 특수한 요구를 넘어서 또한 무조건적인 사랑에 대한 요구를 넘어서 욕망을 불러일으키는 그 어떤 대상이든 그것의 차원이

주

2) 코헛의 자기-대상은 아직 분리된 것으로 구성되지 않은 원초적인 대상(예를 들어, '이상화된 부모 이미지,' 1971: p. 26)이다. 당연히 뢰발트(1973: p. 449)가 관찰했던 것처럼, 그러한 초기 대상의 자기-대상적인 특성은 아직-분화되지-않은 자기를 특징으로 삼기도 한다. 코헛(1971: p. xx)는 거울보기와 거울 전이라는 개념과 함께 자기-대상이란 개념이 라깡의 사유와 의미심장하게 겹친다는 것을 인정하고 있었다(Kerrigan의 해설 참조, 1983: p. xiii.).(저자)

된다. 욕망의 출현과 함께 무조건적인 사랑에 대한 이전의 요구를 지속하는 것은 채울 수 없는 결여를 채우려는 페티시즘적인 노력으로 나타나게 되는데, 다시 말해, 분리를 부정하고 그 어떤 틈새나 분할을 부정하는 것이다. 욕망으로서의 사랑은 자기와 대상의 불가역적인 분리가 자기와 대상에 있는 내부의 불가역적인 결여에 의해 조화를 이룬다는 것을 인정하게 된다.[3)]

결여와 불안

즉각적이고 강압적인 욕구의 충족에 대한 요구를 넘어서는 결여—'나머지' 결여—는 당연히 비교적 중립적인 비강압적 이미지에서 성취된 덜 절박한 소원들로/이미 나타나 있다. 어머니의 다양한 속성들이 통일체로서의 어머니란 원초적인 개념에 초점이 맞춰지고 통합될 수 있는 것은 욕구의 대상으로써 그 욕구의 대상에 맞춰진 절박하고 정밀한 초점으로부터 비교적 자유로운 단계에서 이루어지게 될 것이다. 그러나 그러한 발달은 자기의 분리를 어떤 원초적인 방식으로 예시하거나 암시해 주게 될 것이다. 만일 불안이 성취된 정신적 통일체에 대한 위협의 반응으로 간주될 수 있다면, 그러한 분리의 암시는 최초의 불안경험을 불러내게 될 것이다. 어머니를 통일체로 생각하기 때문에, 프로이트의 표현대로 '동화될 수 없는' 어머니다움(『표준 영역본』 1: p. 366)을 인식하게 되는 그 일부는 공생적 통일체에 대한

주

3) 라깡의 $\$\Diamond a$는 환상의 학소(matheme)로서 '대상과의 관계에서 빗금친 주체'라고 읽는다. 여기서 a는 타자(autre)의 첫 글자로서 항상 이태릭체 소문자로 표시된다. '타대상'은 라깡이 번역되지 않기를 바랐던 objet petit a의 번역어이다. 욕망의 대상을 가리키기 위해 특히 임상이나 문화연구에 자주 사용될 수밖에 없지만 번역되지 않은 채 불어 이태릭체로 사용하기도 너무 번거롭고 '오브제 쁘띠 아'로 표기하기도 어려워서 라깡의 의도와는 달리 억지로 번연해본 것이다.

위협이 될 것이다. 바로 그 시점에서 어머니에게 건네지는 각각의 소원, 즉 각각의 요구는 영속하는 현존에 대한 약속으로써 무조건적인 사랑에 대한 요구도 가져오게 될 것이다.

유아가 기뻐하는 거울상과의 동일시에 관하여 뮬러와 리처드슨(Muller & Richardson, 1982)은 그런 동일시가 신체적 파편화에 대한 불안을 위장시키든가(p. 6) 아니면 극복시킨다고(p. 66) 썼다. 두 용어들이 합당하다고 나는 믿는다. 동일시가 몹시 기쁜 일이 되는 까닭은 그것이 통일체 수준의 성취가 되기 때문이다. 부분적으로 극복되고 부분적으로 위장되는 불안이 이전의 공생적 통일체의 상실에 대한 반응이라고 말하고 싶다. 그것은 언어 법칙의 효과가 되는 가차 없는 분화 때문에 상실된다. 우선 먼저 이전의 통일체를 붕괴시키고 불안을 야기하는 것은 어머니의 분리(그 자신의 것도 포함하는)를 힐끗 보는 데에 암시되어 있는 상위의 통일체이다. 신체의 파편화에 대한 불안은 이미 불안의 자리로써 자아가 되는 전의식적인 구성을 포함하고 있다(『표준 영역본』 20: pp. 93, 104, 140, 161). 환희는 부분적으로는 재확립된 통일체에 대한 반응(극복된 불안)이 되고, 부분적으로는 상위의 통일체가 거짓된 동일시에 근거하고 있을 정도로 이미 포위공격 하에 있기 때문에 지속되고 있는 이행과 불안을 동반했던 그런 불안에 대한 조증-유사한 부정(위장된 불안)이 된다. 그러나 근본적으로 그 어떤 상위의 통일체라도 결코 영원히 완전치 못한 통일체이기 때문에 포위공격을 당하게 된다.

위험에 대한 반응으로 불안의 정의를 탐구하여 얻을 수 있는 이득을 평가해보자. 그러나 그 어떤 위험이든 설정된 정신적 통일체에 대한 위협이 될 수 있다는 특별한 의미에서 탐구해 보는 것이다. 어머니와의 상호작용에서 리비도적인 욕동으로 구성되는 원초적인 결여의 일부는 정신적 통일체의 보존이나 재정립에 관련되었던 결여가 될 수도 있다. 프로이트는 신체적 욕구들의 이러한 충족에 직접 연결되지 않은 모든 원초적인 결여를 성적인 것으로 간주했다. 또한 그는 '성적인 본능 그 자체의 특성에 있어서'(『표준 영역본』 11: p. 188) 어떤 것을 말하기도 했는데, 그것은 '다른 길들을 따라'(『표준 영역본』 21: p. 105) 그 자체를 넘어가는 것, 즉 승화를 촉진시킨다. 성적인 욕동인 에로스는 부분적으로는 이전 통일체의 상실에 의해 신호되는 불안에 대한 반응으로 또한 부분적으로는 통일체 결여의 근본적인 파괴-불가능성에 대한 반응으로 상위의 통일체를 향하여 노력하고 있다. 성적인 결합 그 자체에 대한 욕망마저 타자와의 재결합을 위한, 즉 타자와의 통일을 위한 욕망의 유희가 된다. "성적인 관계가 그의 운명을 끝까지 살아내는, 이러한 욕망의 폐쇄된 영역을 어떻게 차지하는지 그것을 알 수 있다"(라깡 1977a: p. 287)[4] 는 라깡의 진술을 내가 이해하는 것은 이런 요인들에 비추어서 이루어진다. 라깡은 이렇게 썼다. "욕망은 요구가 욕구로부터 분리되어 가는 여백에서 그 모습을 이루어가기 시작한다. 이 여백은 요구에 의해 열리는 것이고, 욕구가 개입될 수도 있는 가능한 결합의 형태 하에서 오로지 대타자에 관해서만 무조건적일 수 있는 것의 간청이며, 보편적인 충족을 갖지 않는 간청('불안'이라 부르는 것)이다"(라깡 1977a: p. 311).[5]

주

4) B. Fink는 재번역한 2002년판 『에크리 선역』의 「남근의 의미작용」(1958년 5월 9일 독일 무니히의 막스 프랑크학회에서 강의)라는 논문(p. 276)에서 "욕망이 demand for love에서 appetite for satisfaction을 빼낸 결과"라고 설명한 다음에 이어서, "성적인 관계가 어떻게 이러한 욕망의 폐쇄된 영역을 차지하고 거기서 그의 운명을 끝까지 살아내는지 알 수 있다"고 번역하여 이해하기가 훨씬 간편하다.

5) B. Fink는 재번역한 2002년판 『에크리 선역』의 「프로이트의 무의식에서 주체의 전복과 욕망의 변증법」(1960년 9월 19-23일에 열린 〈변증법〉이란 국제철학회의에서 강의)라는 논문(p. 299)에서, "욕망은 요구가 욕구로부터 떨어져 나온 여백에서 형성되기 시작하고, 이 여백은 요구—그의 간청이 오로지 대타자에 관해서만 무조건적일 수 있음—가 여기서는 욕구에 의해 생겨날 수 있는 가능한 틈새를 가장하여 열어주는 하나가 되는데, 그 이유는 그것이 보편적인 충족을 갖지 못하기 때문이다(이것은 '불안'이라 불린다)"라고 번역한다.

이 문장에서 불안에 대해 결론을 내리는 간결한 방백은 불안을 상실이나 상실의 위협에 대한 반응으로 확인하는데, 그 상실은 지연—욕구충족에서 불가피한 지연—에 의해 소개되는 통일체와 자기-동일성(selfsameness)을 잃어버리는 것이다.[6] 그러한 해석은 멜라니 클라인의 무감동한 네 살짜리 환자에서 불안의 결여에 대한 라깡의 논평과 일치한다. "사실상 딕한테서 상징화되지 않은 것이 현실이라는 것은 분명하다. 이 어린 환자는 온전히 생경한 현실 속에, 구성되지 않은 현실 속에 있다. 그는 온전히 미분화된 것 속에 있으며…. 불안이라는 것은 이 환자한테서 만들어지지 않은 것이다"(Lacan, *Le Séminaire livre 1* 1975: pp. 81-82; Felman, 1987: p. 112에서 인용됨).[7]

이 문장과 펠만의 논평은 불안이 정신적 통일체의 상실이나 상실의 위협에 대한 반응이라는 생각과 일치하는데, 딕한테서 볼 수 있는 명백한 불안의 부재가 결함이나 방어로 보이든 그렇지 않든 상관없다. 라깡과 펠만은 그것을 발달상의 결함으로 보고 있다. 나는 결함과 방어의 혼합으로 보는데, 그 말은 라깡이 흔히 그렇듯이 과장법으로 자신의 주장을 강조하려는 것처럼 나는 '온전히 생경한 현실 속에'와 '온전히 미분화된 것 속에'를 보고 있다는 것이다. 그러나 그것이 방

주

6) 타고난 능력과 함께 하는 지연은 당연히 불안과 이미지와 정동과 같은 모든 것을 소개해주는 제3항이다. 지연은 대상을 향할 뿐만 아니라 그녀의 부재에서 그 대상을 표상하고 대체하는 시니피앙의 모든 연쇄를 향하기도 하는 방향전환을 소개해 준다.(저자)

7) 펠만 교수가 인용한 라깡의 첫 번째 세미나인 *Les écrits techniques de Freud*(pp. 81-83)에는 멜라니 클라인의 딕 사례를 논의하면서 현실(la réalité)과 실재적인 것 혹은 실재계(le réel)가 혼용되어 있다. 이것을 펠만 교수가 현실(reality)로 쓴 것 같다. 라깡 자신도 70년대 초부터 실재계와 현실을 구분해서 사용하고 있다. 라깡은 현실을 '실재계의 꾸민 표정'이라 정의한다. 실재계는 알 수 없고 동화되지 않는 쪽에 확실히 위치하고 있는 반면에 현실은 상징적인 표명과 상상적인 표명(프로이트의 '심리적 현실')의 산물인 주관적 표상을 가리킨다. 파리 7대학 Dr. Nasio의 실재계 개념은 우주론으로까지 확대되는 것 같아 張載의 太虛 개념과 비교될 수 있어서 흥미로운 테마가 된다.

어이든 결합이든 혹은 그 두 가지 모두이든 딕은 자신의 가장 원초적인 수준의 통일체와 안정성을 위협할 수 있는 그 어떤 위험에 대해서도 효과적으로 '방어하고' 있다. 아무런 불안도, 아무런 불안신호도 불러일으키지 않는다. 라플랑쉬와 퐁탈리스(1973: p. 103)는 방어를 이렇게 규정하고 있다. 방어라는 것은 "생물-심리학적 개인의 완전함과 안정성을 위협하기 쉬운 그 어떤 변화도 감소시키고 제거하려는 데에 목표를 둔 일군의 작용들"이다. 불안은 딕의 원초적인 통일성을 위협했던 그 어떤 위험에 대한 반응일 수 있다. 펠만은 이렇게 썼다.

> 우리는 이제 딕이 앓고 있는 불안의 유익한 출현을 어떻게 설명해야 할까? 불안은 상징계와 연결되어 있다. 즉 그것은 전체로서의 상징적인 체계의 함입(含入 introjection)이 그 자체를 주체가 느낄 수 있도록 만드는 방식인데, 그 안에 있는 어떤 요소가 방해되거나 전치될 때에 그렇다. 불안은 차이(거세)의 가정과 함께 일어나는데, 그 이유는 어떤 것(죽음, 혹은 신체적인 완전함의 상실)이 주체에게 일어날 수도 있다는 상상적인 공포 때문만이 아니라, 모든 것이 동일하지 않고 또한 모든 장애가 전체적인 상징적 좌표 내에 반사되어 주체에게 영향을 주는 상황적인 여건들이 차이(의미)를 만들어낸다는 상징적인 인식 때문이기도 하다. (1987: pp. 116-17)

만일 우리가 리비도적인 욕동과 공격적인 욕동을 동등하게 원초적인 것(또한 심신의 경계에서 마음 쪽에 있는 것)으로 간주한다면, 원초적인 정신작용에서 욕동들의 힘이 동일한 방향으로 결합되어 작용하는 것으로 간주되어야 한다. 만일 원초적인 공격성이 위험의 대상과 거리를 두거나 파괴하려는 노력으로 규정된다면(Smith, Pao & Schweig, 1973), 불균형의 근원으로부터 멀리 달아나는 측면은 공격적인 욕동의 소질(生得的 素質 anlage)이 될 것이고 대상을 향하여 달려드는 측면은 리비도적인 욕동의 소질이 될 것이다. 욕구에 의해 야기된 정신적 불균형의 근원으로부터 멀리 달아나는 것은 통일체에 대한 위협이나 통일체의 상실로부터 달아나는 것으로 생각될 수 있다. 불안은 변함없이 일어나는 것은 아니지만, 그것이 일어날 때에는 그러한 위협에 대한 의식적인 신호이거나 부수물이 된다.[8]

나는 인간이 정신적 통일체로 형성되는 것이 허위의 거울상 덕분일 뿐만 아니라 광의의 언어 덕분임을 반복해서 강조해 왔는데, 실제로 언어를 통하여 더욱 복잡한 상위 수준의 통일체가 확립된다. 여기에 덧붙여서 나는 언어 덕분에 인간은 그런 존재에 대한 관심을 가지고 태어나게(정신적인 통일체가 처음 시작부터 그리고 영원히 결여와 분할로 표현될지라도 정신적 통일체로 태어나게) 된다고 말했다.

라깡은 미국의 정신분석이 자기의 핵심에서 불변의 결여를 감춰주는 방식으로 자아의 자율성을 증진시키는 것으로 잘못 이해했다. 나는 그 반대가 사실이라고 강조해 왔다. 라깡과 자아심리학 간의 차이점은 결여에 대한 라깡의 강조와 통일체에 대한 자아심리학의 강조 사이의 차이가 아니다. 본질적인 차이는 자아심리학이 방어적이고 동시에 비방어적인 통일체를 인정함으로써 자신의 존재와 자신의 존재

주

8) 프로이트는 신경증적 불안을 1925년까지는 적절히 배출된 일이 없는 성적인 리비도의 변환이라고 했다가 1926년부터는 거세를 포함한 상실과 같은 위험한 상황에 의해 촉발되는 '외상적인 상황'에 대한 반응이라고 주장했다. 특히 프로이트는 어머니로부터의 분리가 불안의 원인이 된다고 가정하는데, 라깡은 그러한 분리의 결여 때문이라고 주장한다. 라깡의 불안 개념은 시기에 따라 변하고 있다. 라깡은 1953년 이후로 상징화의 밖에 머물러 있는 외상적인 요소이기 때문에 어떠한 매개도 가능하지 않는 실재계의 개념으로 불안을 설명한다. 특히 1962-3년에 시행된 열 번째 세미나인 『불안』에서는 불안이 감정이 아니라 정동이라고 주장하면서 '속이지 않는 유일한 정동'이라고 말한다. 불안은 대상이 없는 것이 아니라 색다른 대상, 즉 욕망의 대상-원인인 타대상이라서 주체가 대타자의 욕망과 대면할 때 야기된다. 모든 욕망은 결여로부터 야기되기 때문에 결여 자체가 결여될 때 불안이 일어난다. 따라서 우리를 불안으로부터 구제해주는 것은 부재의 가능성이다.

의 결여에 대한 가장 큰 관심이 비방어적 통일체의 성취에 달려있다고 주장한다는 점이다. 오로지 그런 통일체에 근거하여 결여와 상실 및 한계의 불가피성을 인정할 수 있을 뿐이다.

통일체 결여의 인정으로서 욕망

욕망은 자신의 존재에 관한 관심의 표현으로 취급될 수 있다. 그렇다면 이전의 통일체가 상실된 이후에 정립된 통일체의 연속에 관련되거나 혹은 통일체의 재정립—전형적으로 상위의 더 복잡한 통일체—에 관련된 결여로서 욕망을 규정해보자. 인간의 통일체가 항상 분할에 의해 표시되고, 항상 포위공격을 당하며, 항상 결여되어 있기 때문에 관심과 욕망은 일정한 것이다. 그러나 통일체의 없앨 수 없는 결여를 내보이는 것으로 욕망을 인식하는 시점에서 특수한 위험에 반응하는 불안은 관심을 일정한 것으로 인정함으로써 성취된 분리를 통합해낸 덕분에 덜 맹목적이고 덜 몰아세우는 상태가 된다.

사물을 수수께끼처럼 간결하게 표현하기를 끊임없이 좋아하는 라깡은 '인정받고 싶어 하는 욕망' 이 '인정의 욕망' 이라고 주장했다(라깡 1977a: p. 141). "욕망은 존재에의-결여의 환유이다"(라깡 1977a: pp. 259, 274).

> 욕망은 요구의 저편에서 만들어지는데, 주체의 삶을 그 조건에 연결시키면서 요구가 욕구의 쓸데없는 부분을 잘라내기 때문이다. 그러나 욕망은 또한 요구의 부족한 부분에 움푹 파이게 되는데, 현존과 부재의 무조건적인 요구로서 요구는 무(無)의 세 가지 모습들 가운데 존재에의-결여를 불러일으키게 되며, 그 세 가지 모습은 사랑에 대한 요구의 근거, 타자의 존재를 부정까지 하게 되는 미움의 근거 및 그 요청 가운

> 데 알려지지 않은 것의 이루 말할 수 없는 것의 근거로 구성되어 있다. 이런 구체화된 아포리아—요구가 상처받은 경향의 강인한 새싹으로부터 둔한 영혼을 빌려온다고 또한 의미화 순서 속에서 실현된 죽음으로부터 그의 예민한 신체를 빌려온다고 은유적으로 말할 수 있는 것—에서 욕망은 그 자체를 절대적인 조건으로 확인하게 된다(라깡, 1977a: p. 265)[9]

라깡은 또한 욕망에 대해 이렇게 썼다. "욕망은 법칙의 이러한 중재에 관련해서 스스로를 자율적인 것으로 드러내는 까닭은 그것이 욕망에서 시작한다는 단순한 이유 때문인데, 이상한 대칭에 의해 그것이 사랑에 대한 요구의 무조건적인 특성을 뒤집는다는 사실 덕분에 그러하며, 거기서 주체는 대타자에 종속되어 있고 그것을 절대적인 조건의 능력으로까지 끌어 올린다('절대적' 이란 단어는 '분리' 를 의미하기도 함)"(라깡, 1977a: p. 311). 나는 이것을 법칙이 욕망에서 시작한다는 진술로 읽는다. 즉 법칙의 오이디푸스적인 가정은 대번에 자신의 욕망과 주체성의 가정이 된다. 비방어적인 분리는 통일체 결여의 고유성을 인정함으로써 성취된다. 근본적인 법칙은 근친상간에 대한 법이 아니다. 근친상간에 대한 법은 어길 수 있다. 근본적인 법칙은 제정되거나 세워지지 않고 우발적이지 않다. 그것은 변화에도 따르지 않고 위반에도 따르지 않으며 변함없이 사물이 되어가는 그대로의 방식이다. 앞에서 언급한대로 오이디푸스 위기의 해결에서 인정된 바는 근친상간적인 충동이 어머니와 재통합할 수 없다는 불가능성이나 혹은 어머니로부터 떨어져 나와 완전해진 통일체의 어떤 위상으로 진행

주

9) B. Fink는 재번역한 2002년판 『에크리 선역』의 「치료의 방향과 그 능력의 원칙」(1958년 7월 10-13일에 열린 Royaumont Colloquium에 제출된 논문(p. 253)과 불어판 『에크리』(p. 629)를 참조하여 역자가 수정 번역함.

할 수 없다는 불가능성을 부정하려는 쓸데없는 노력이라는 것이다. 스스로 무효화하려는 요구의 무상함을 이렇게 인정하는 것은 분리와 욕망을 둘 모두 소생시킨다. 법칙이 시작되는 것은 욕망으로부터이다. 다시 말해, 법칙에 대해 말할 수 있는 것은 욕망의 파괴-불가능성의 소유에서이다. 그 법칙이 사랑임을 배우는 것은 욕망을 통해서이다.

> 기계에서는 시간에 맞추어 오지 않은 것은 단지 중도에 낙오하게 되고 아무것도 주장할 수 없게 된다. 이 말은 인간에겐 사실이 아니고, 운독(韻讀 scansion)은 살아 있으며, 시간에 맞추어 오지 않은 것은 중간에 걸려있다. 그것이 바로 억압에 관련된 것이다.
>
> 틀림없이 표현되지 않은 것은 존재하지 않는다. 그러나 피억압물은 항상 거기에 있으면서 존재하기를 강요하고 요구하고 있다. 이런 상징적 질서에 대한 인간의 근본적인 관계는 정확히 상징적 질서 그 자체를 세우는 것—존재에 대한 비존재의 관계—이 된다.
>
> 충족되기를 강요하는 것은 오로지 인식으로써 충족될 수 있을 뿐이다. 상징적인 과정의 목적은 비존재가 존재하게 되는 것이 되는데, 그것이 말을 해왔기 때문이다(라깡 1988b: 307-08).

위험으로부터 불안한 자동적인 도주는 위험과의 직면을 초래하고 그에 대한 판단을 가져온다고 프로이트는 가르쳤다. 통일체 결여의 고유성을 인정함으로써 성취하게 된 분리는 정확히 그러한 판단의 전제조건이다. 다름 아닌 이런 비방어적 분리가 불안에 대해 더 잘 견딜 수 있게 해주고, 자신이 그런 통일체를 소유하고 있는 것처럼 꾸미는 히스테리 방식이나 강박적인 방식으로의 경향이 줄어들게 해주며, 공포증이나 피해망상이 줄어들게 해주고, 또한 영원한 현존으로서의 통일체와 사랑의 결여가 자신의 잘못—자신의 자기 내에 있는 우연한 과실—때문이라는 우울한 주장으로의 경향이 줄어들게 해준다.

주체성이라는 것은 통일체나 집중성 혹은 완전성의 극복할 수 없는 결여로 표시되는 죽음과의 직면에서 존재함을 인정할 수 있는 그 사람의 능력을 가리킨다. 이러한 인정에서 소원이나 요구는 욕망으로 바뀌지 않지만 욕망의 영역 내로 그 위치를 옮겨 놓고 살아남게 된다. 다시 말해서, 특별한 소원들이나 요구들은 결여에 대한 의식적인 또한/혹은 무의식적인 인식 속에서 경험하게 되고 따라서 그 어떤 특별한 소원이나 요구의 만족이 이루어진 뒤에도 그 욕망은 존속될 것이다. 이러한 인정, 위치변경, 화해와 함께 연속성과 정합성의 느낌 그리고 진행 중인 결여와 최종적인 죽음에 직면하여 느끼는 평화로움까지도 찾아오게 된다.

통일체 결여의 고유성을 인정한다는 것은 인간이 되는 바의 절대성을 인정한다는 것이다. 그것은 부정의 부정이 아니라 인간 실존의 근본적인 부정적 차원(상실, 결여, 유한성, 거세, 죽음)에 대한 긍정이다.

> 요구는 욕구들을 충족시키는 '특권'을 이미 소유하고 있는 대타재[대타자의 자리에 있는 어머니]로 만드는데, 다시 말해서, 그것들[욕구들]로부터 오로지 그것들이 충족되는 것[영원한 현존의 약속으로서의 무조건적인 사랑]을 빼앗아 버리는 힘이 된다. 따라서 대타자의 이런 특권은 대타자가 가지고 있지 않은 것, 즉 그의 사랑이란 선물이 지닌 근본적인 형태의 윤곽을 그려준다.
>
> 이런 식으로 요구는 그것을 사랑의 증거로 바꿈으로써 부여될 수 있는 모든 것의 특수성을 취소시켜 버리고, 또한 요구는 욕구를 위해 획득하는 바로 그 충족이 다만 사랑에 대한 요구에 의해 초래된 분쇄가 되는 수준으로 저하시키며….
>
> 그처럼 폐지된 특수성이 요구를 넘어서 다시 나타나야 하는 일이 필

> 요하다. 사실상 그것이 그곳에 다시 나타나지만, 사랑에 대한 요구의 무조건적인 요소에 감춰져 있는 구조를 보존하고 있다. 단순히 부정의 부정이 아닌 전복에 의하여 순수한 상실의 힘은 삭제의 나머지에서 나오게 된다. 욕망은 요구의 무조건적인 요소를 '절대적인' 조건으로 대체한다. 다시 말해, 이 조건은 욕구의 충족에 저항하는 사랑의 증거에서 그 요소의 매듭을 풀게 된다. 따라서 욕망은 충족을 위한 식욕도 아니고 사랑에 대한 요구도 아니며, 두 번째로부터 첫 번째를 빼낸 그 차이, 즉 그것들의 분열의 현상이고….
>
> 우리는 성적인 관계가 이러한 욕망의 폐쇄된 영역을 어떻게 차지하는지 알 수 있는데, 그 영역에서 그것은 제 운명을 희롱한다(라깡 1977a: pp. 286-87).

통일체의 결여를 인정하는 데 있어서 욕망은 존재의 인정된 결여로서의 분리를 성취하게 된다. 통일체의 결여로서 그것은 처음부터 거기에 있지만 요구에 의해 포함되고 말이 알려주고 있는 분화 이전에는 존재의 결여로 인정될 수 없다. 라깡이 욕망의 '생산' 혹은 '형성'에 대해 글을 쓰는 곳에서 나는 자신의 욕망을 인정하거나 가정하는 점진적인 과정을 가리키는 것으로 읽고 있다. 말이 알려주는 전언어적인 분화로써 특별한 소원과 요구는 '내 것'으로, 즉 통일체의 결여에 의해 표시되는 주체의 소원으로 인정될 수 있다. 그것은 인정의 한 가지 수준이 될 것이다. 오이디푸스의 상위 수준(상징적인 거세, 자신의 젠더의 가정, 유한성 및 결여로 표시된 주체성)에서 전언어적인 분화와 상실의 반복은 더욱 깊어진 인정의 느낌을 허용해주고 두려움보다 믿음에 의해 더 잘 표시되는 경우에 대한 수용능력을 허용해준다.

욕망의 이해에 대한 차이가 크다고 할지라도 나는 욕망에 대한 라깡 사유의 요점이 얼마나 커다랗게 욕망과 전언어적 구성에 대한 자아심리학적 개념과 일치할 수 있는지 보여주기 위해 라깡에게서 빌려온 인용문을 제시하려고 한다. 나는 지금 라깡에게서 차이점을 지적해주는 그러한 공식화로 되돌아가려고 한다.

1. 라깡은 쾌락원칙의 저편에 대해 생각하고 있다.
2. 그는 완전히 정합적으로 그런 것은 아닐지라도 반복적으로 원억압을 언어습득의 시점에 놔두고 있다.
3. 그처럼 위치시킨 원억압의 추론결과는, 내 생각으로 한편에서 쾌락원칙이나 언어의 법칙이 이미지를 조절하는 방법과 다른 한편에서 그것들이 말을 조절하는 방법 사이를 너무나 선명하게 구분하려고 그가 노력한다는 것이다. 따라서 그는 언어의 법칙들이 전언어적인 분화들을 구조화하는 방법과 그것들(언어의 법칙들: 역자)이 언어습득 이후의 그것들(전언어적인 분화들: 역자)을 구조화하는 방법 사이를 너무나 선명하게 구분하고 있다.
4. 특히 그 차이는 자아 개념을 실제로 오로지 방어적인 기능만을 가리키는 것으로 보는 그의 견해에 따라 정해진다.

나는 위에서 몇 가지 차이점들을 다루어왔지만 여기서는 그 각각의 의미를 더 자세히 설명하려고 하지는 않을 것이다. 내 판단으로 두 번째와 세 번째 관점은 '그것'[10] 이 말한다는 라깡의 가정과 모순되고, 또한 '자아이상의 근거, 즉 핵심인 유일한 자획'[11] 에 대한 그의 해석과도 모순된다. 후자는 "주체가 그것에 매달리는 한, 욕망의 영역 내

주

10) 라깡은 이드에 대해서 논의할 때 le ξa parle라는 구절을 사용하기 때문에 'it'를 ξa로 볼 수 있다. 이드로 번역된 독일어 das Es는 주체(sujet)의 상징인 sujet의 첫 글자 'S'의 발음과 동일하여 라깡은 이드를 주체와 동일한 것으로 간주한다.

11) 프로이트는 『집단심리학과 자아의 분석』의 제7장에서 세 가지 유형의 동일시 가운데 애정대상과의 동일시와 경쟁자와의 동일시에 대해 말하는데, 주체는 동일시하는 사람이 앓고 있는

에 있고, 그 어떤 의미로도 (욕망의 영역은: 역자 첨가) 시니피앙의 지배가 아닌 다른 곳에서, 즉 대타자에 대한 주체의 관계 수준이 아닌 다른 곳에서는 구성될 수 없다. 유일한 자획의 기능을 결정해 주는 것은 대타자의 영역이다”(1978a: p. 256).

제6장에서 개인의 선사시대에 아버지와의 동일시에 대한 내 해석이 적용된다면, 그런 동일시로부터 나온 믿음은 어린 시절 어머니와 맺는 이자관계에서 생기는 것과는 다른 영역에 속한다. 만일 그렇다면, 이런 ‘동일시’ 자체는 자아이상의 핵심이나 ‘씨앗’(크리스테바 1987b: p. 374)이 될 것이고, 라깡이 만들어낸 개인의 선사시대에 아버지와의 동일시와 유일한 자획의 분화는 적용되지 않을 것이다. 분명하게 또한 『집단심리학과 자아의 분석』에서 아버지가 ‘되기’나 ‘두기’에 대한 그의 토론(『표준 영역본』 18: p. 106)에도 불구하고 프로이트는 개인의 선사시대에 아버지와의 동일시를 라깡이 주장하는 것(1978a: p. 256)처럼 ‘자기애적인 동일시의 첫 번째 영역에’ 위치시키지 않았고, 대상-카텍시스의 결과로도 간주하지 않았다. 프로이트는 다음과 같이 썼다.

> 그러나 포기된 대상-카텍시스의 영향에 훗날 저항하는 그 인물의 능력이 그 무엇으로 판명되든, 아주 어린 시절에 형성된 첫 번째 동일시의

주

증상과 동일한 증상을 발전시킴으로써 동일시를 표현하게 된다는 것이다. 이 경우에 동일시는 부분적이고 극단적으로 제한된 것이며, 대상이 된 사람으로부터 유일한 자획(字劃: nur einen einzigen Zug)만을 빌려올 따름이라는 것이다. 이 ‘유일한 자획’은 라깡의 용어로는 trait unaire인데, 영어로는 single-stroke, unbroken line, unitary trait로 번역된다. 라깡은 자아이상을 만들기 위해 함입된 원초적인 상징적 용어로 받아들이고 있다. 이 자획이 기호로 발생될 수도 있지만, 어떤 의미화 체계에 합병될 때 시니피앙이 된다. 라깡은 『정신분석의 네 가지 기본개념』이란 세미나에서 유일한 자획을 제1의 시니피앙(S1)과 연결시키면서 원시인들이 동물 한 마리의 사냥을 의미하기 위해 표시하는 눈금에 비유한다(pp. 141, 256).

> 효과는 일반적이고 영구적일 것이다. 이 덕분에 우리는 자아이상의 근원으로 되돌아가게 된다. 왜냐하면 그것의 이면에는 개인의 첫 번째 가장 중요한 동일시, 즉 그 자신의 개인적인 선사시대에 형성된 아버지와의 동일시가 숨겨져 있기 때문이다. 이것은 분명히 첫 번째 경우에 대상-카텍시스의 결과가 아니다. 그것은 직접적이고 즉각적인 동일시가 되며 그 어떤 대상-카텍시스보다 먼저 일어난다. 그러나 첫 번째 성적인 시기에 속하면서 부모와 관련되는 대상-선택은 정상적으로 이런 종류의 동일시에서 그것들의 결과를 찾아내는 것처럼 보이며, 따라서 최초의 것을 강화하게 될 것이다(『표준 영역본』 19: p. 31).

이 글에 대한 라깡의 논평은 다음과 같이 말하고 있는 것처럼 보인다. 만일 동일시가 어머니에 대한 리비도의 투자보다 앞선 것이라면 그것은 자기애적인 것임에 틀림없고, 만일 그것이 그처럼 빠른 단계에서 아버지에 의해 중재되는 인정과 조형이라면 그것은 다만 '확실히 신화적인 단계'가 될 수 있을 뿐이다(1978a: p. 256). 그러한 위치가 허용하지 않는 것은 비강압적인 시기에 일어나는 그런 종류의 인정과 동일시이다. 그것은 또한 상상계의 질서가 상징계의 덕분이라는 생각을 허용해주는 것처럼 보이지 않는데, 여기서 상징계의 덕분이라는 것은 멀리 되돌아가서 첫 번째 이미지에 도달하게 되고, 라깡이 어딘가에서 주장하고 있듯이, 지각적인 흔적들의 첫 번째 구성에 도달하는 광의의 언어 덕분임을 뜻한다.

방어적이거나 강압적 혹은 상상적인 동일시는 차이점을 거부할 필요성에 의해 그 동기가 주어진 전체로서 그런 형태가 되기 쉽다(스미스 1971: p. 264). 차이의 인정과 각별한 특색들의 인정 및 타자의 통일성과 완전성은 애초부터 비강압적인 시기에 의해 허용되고 있다. 이런 종류의 인정은 당연히 어머니와 아버지 두 분의 것이지만, 아버지가 소년과 소녀에게 가장 분명한 대상이 될 수 있는데, 그 이유는 단지 그가 공생적 통일체의 타자이고 어머니와 같은 강압적인 욕구의 대상이 아니기 때문이다. 제6장에서 나는 개인적인 선사시대에 아버지와의 동일시가 자신의 실존을 구성하는 체계에 대한 무의식적인 인정을 의미한다고 주장하게 된다. 이 모든 것은 프로이트가 개인적인 선사시대에 아버지와의 동일시로서 무엇을 의미할 수 있었던 간에 그것이 말보다 먼저 시작되리라고 말하는 것이다. 만일 우리가 그것이 자아이상의 근거라는 그의 생각에 동의한다면(또한 나는 동의한다), 어떤 면에서는 전오이디푸스기의 제3항들(즉 공생적 평온함을 깨버리는 연기와 다른 요인들)이 이미 원초적인 이미지에 영향을 미치고 있다는 것이다. 라깡은 "대타자가 아무리 순간적인 것일지라도 이미 바로 무의식의 모든 열린 부분에 존재하고 있다"고 썼다(『*Séminaire XI*』 1973: p. 146, 펠만 1987: p. 22에서 인용; 라깡 1978a: p. 130 참조).[12)]

자아의 비방어적 동기

라깡학파의 입장과 자아심리학의 입장 사이에서 가장 중요한 차이점은 라깡이 성취된 허위 통일체를 유지하면서 그런 통일체의 위태로움을 막아내는 순전히 방어적인 임무를 무의식적이고 의식적인 자아 기능에게 부여하는 쪽을 택했다는 것이다. 불균형의 부차적인 중심

주

12) 이 진술을 동의의 하나로 인용한다는 것은 라깡의 생각과 내 생각에서 억압과 무의식에 대한 서로 다른 정의들을 무시하는 것으로 생각될 수 있다. 그러나 그 진술은 라깡한테는 그의 정의에 따르고 나한테는 나의 정의에 따른다. 나는 무의식 과정을 원래부터 존재하는 것으로 보고 억압을 위험에서 달아나는 첫 번째 회피와 함께 시작되는 것으로 간주한다. 라깡에게 있어서 대타자의 담론으로서의 무의식은 말과 '오이디푸스 상황의 첫 번째 상징화'와 함께 도래한다(『*Séminaire I*』 p. 100, 펠만 1987: p. 122에 인용됨).(저자)

들—그로부터 회피해 왔던 모든 것을 찾아내려는 무의식적인 동기로서 실현된 것들—이 영원히 부차적인 것으로 남아있지 않다는 내 가정은 그러한 추구가 자아의 탐색이라는 내 가정과 함께 라깡학파의 개념적인 전략에 대한 거부가 된다.[13)]

그런 두 가지 가정들에 대한 추론과 증거는 다음과 같다. 원초적인 수동성과 의존성의 한 가지 측면은, 내재성이나 외재성의 개념도 없지만, 한편으론 자신의 욕구들과 욕동들의 손에 달려 있고, 다른 한편으론 외부환경(어머니의 현존이나 부재)의 손에 달려 있다는 것이다. 정신적으로 사람은 위험으로부터 도피하여 자동적으로 대상을 향해 가게 되는데, 위험이나 대상의 범주화를 허용하게 될 그 어떤 개념적인 구성 이전에 그렇다. 이런 범주화는 실제적인 도피와 지향에서 그 형태를 취하게 된다. 누가 혹은 무엇이 도피하느냐는 문제도 역시 유아의 마음속에서는 명확한 대답을 갖고 있지 못하다. 도피하고 지향하는 '나'는 그러한 정신적인 활동의 과정에서 그 모습을 갖추게 된다.

라깡은 프로이트와 자아심리학이 그러했듯이 이런 '나'에게 자아개념을 부여하는 쪽으로 택하게 되었다. 그러나 위험에 대한 방어과정 중에 일차과정의 방향설정 능력이 확립된다. 이러한 '내'가 생각하고 느낀다. 더욱이 내가 앞에서 암시해 왔던 것처럼 그 시작부터 자아의 모든 방어기제를 통하여 위험으로부터 도피나 위험에 대한 방어는 위험의 정신내적 지각을 포함하게 된다. 위험을 주시하지 않는 것은 위험스러운 일이고, 위험에 대한 최초의 개념적인 범주화가 있을 수 없다 할지라도 불균형의 부차적인 중심들을 구성하는 것은 바로 이것이다. 그러나 발달은 이차과정인 개념적으로 구성된 사유에 대한

주

13) 위에서 인용된 것처럼, 억압에서 "운동이 살아있다"는 라깡의 진술(1988b: p. 307)은 역동적인 피억압물이 끊임없이 추적되고 있다는 것 덕분에 불균형의 부차적인 중심들을 가리키는 것이라고 나는 읽었다.(저자)

능력 쪽으로 향하고 있다. 발달은 이전에 도피해 왔던 위험들을 직면할 수 있는 능력 쪽을 향하고 있는데, 그것은 이전에 부정된 상실들을 직면하고 애도할 수 있는 능력이며, '그것'이 있었던 곳에 존재하게 되는 능력이다. 누가 위험에 직면하고, 누가 애도하며, 누가 그처럼 존재하게 되는가? 그것은 이전에 도피했던 동일한 '나'인가?

이것은 자아개념이 언어의 무의식적인 주체와 일치함을 암시하는 것은 아니지만, 라깡의 주체개념도 그렇지 않으며, 적어도 주체가 그의 R도식[14]의 왼쪽에 있는(라깡 1977a: p. 197; 뮬러 및 리처드슨 1982: p. 211; Green, 1983: p. 165) 상상계의 위치에서 상상적인 남근의 기호 밑에 웅크리고 있었다는 것은 아니다. 라깡은 일찍이 L도식을 참조하여 주체가 "그 도식의 네 구석 모두에 뻗쳐 있다"고 썼다(라깡 1977a: p. 194). 나는 간주체적인 세계, 즉 상징계의 특별한 문화적 구현 속에 존재한다. 즉 나는 그런 존재이고 그렇게 존재함으로써 이드와 자아, 자아이상 및 초자아의 개념들이 가리키는 그 모든 것이 된다. 그런 개념들에 배당된 활동들의 문제는 순전히 개념적 전략의 결정적인 내용이 된다. 나는 다만 프로이트와 미국에서 자아개념이 오로

주

14) 라깡의 도식(schema)에 대한 설명은 H. Glowinski 등이 편집한 *A Compendium of Lacanian Terms*(김종주 역 「라깡 정신분석의 핵심용어」 하나의학사, 2003)에 잘 나와 있다. 라깡의 도식에는 L도식, R도식, I도식 및 뒤집혀진 꽃다발의 광학적 도식이라는 네 가지가 있다. 기본이 되는 L도식이 주체의 변증법에서 상상계를 설명해준다면 R도식은 상징계의 장소 혹은 상상계와 상징계의 결합을 설명해준다. 거울단계의 상상적인 한쌍은 L도식의 o-o'(불어로는 a-a')선을 차지하는데, o는 최초의 대상인 어머니(M)가 차지하고 o'는 자아이상(I)이 차지하고 있다. 상상적인 삼항의 '세 번째 항목'은 주체가 차지하는데, 바로 남근적 이미지(Φ)가 자리하고 있는 그곳으로부터 R도식이 시작된다. 라깡은 S-o(M)-o'(I)라는 삼각형 속에 사각형 하나를 위치시킨다. S-o의 관계의 궤적을 따라 S-i관계가 존재하는데, i는 거울상의 이미지이다. 그와 비슷하게 S-o'의 궤적을 따라 S-e관계가 놓여 있는데, 바로 여기에 자아는 '그 거울상의 원형으로부터 자아이상의 부성 동일시에 이르기까지' 동일시하게 된다. 따라서 MieI라는 사각형이 형성되고 그 안에 '현실의 영역'이 포함되어 있어 R도식이라 부른다.

지 방어기능에만 배당되는 것은 아니라고 말할 수 있을 뿐이다.

라깡은 이 점에 관해서 완전히 동의하는 것은 아니다. 그가 방어의 필요성에 대하여 또한 상징계로의 진입을 추정함으로써 상상계에 자신을 정립시킬 필요성에 대하여 기술한 많은 글들이 있다. 자아의 방어에 관한 모든 논평을 통해 자신의 욕망과 주체성의 추정에 대해 점진적으로 접근하는 방식을 인정하고 있다. 이 말은 자아와 그의 주체성에 의한 추정 가능성을 의미한다. 라깡은 다음과 같이 명확하게 기술했다.

> 그러한 해석은 주체의 상징적인 구조화의 방향으로 움직이고 있는데, 그 주체는 자아의 현재 구조를 넘어선 곳에 위치하게끔 되어 있다.
>
> 이것을 통하여 어떤 긍정(Bejahung), 자아에 의한 어떤 추정, 어떤 '예'(yes)가 분석의 진행 중에 논의되는지 그것을 알아야 하는 문제로 우리는 되돌아가고 있다. 분석의 진행에 필수적인 노출을 구성하기 위해 어떤 긍정(Bejahung)을 끌어내야 할까?(1988a: p. 65)

강력한 자아라는 생각이 실체화를 야기하는데, 그것은 특히 하르트만이 기울어지기 쉬웠던 경향이기도 하고(스미스 1986a), 라깡에겐 면역이 되지 않았던 경향이기도 하다. 만일 그가 자아를 하나의 개념으로 받아들였다면, 어떻게 그처럼 많은 시간과 에너지를 들여가면서 자아를 때릴 수 있었을까? 라깡은 부분적으로 그 자신이 실체화하는 방식에 의해 강력한 자아라는 미국식 관념이 인간 실존의 진실에 대한 다소 확고한 방어구조의 확립을 의미하는 것으로 받아들였다. 비방어적 통일체에 대한 논의에서 이미 암시했듯이 자아의 힘의 한 가지 차원은 위험과 상실, 유한성, 분할가능성 및 결여를 인정할 수 있는 능력에 의해 나타나며, 또한 무의식, 즉 대타자에게 경청할 수 있는 능력과 대타자에 비추어서 자신의 주체성을 추정할 수 있는 능력에 의해 나타난다. 이런 생활차원을 방어하는 방식들에 대한 라깡의 묘사는 자아심리학에 대한 한 가지 기여가 된다. 또한 그렇게 해서 이런 인정이 어떻게 일어나는지 그에 대한 그의 설명도 된다. 나는 그한테서 양쪽 근거에 대해 배우고 있지만, 그가 '자아'에 대해 기술할 때 나는 '방어적인 자아기능'으로 읽게 된다.

그러나 정말로 우리에겐 그와 같은 중간 용어가 필요할까? 샤퍼가 우리에게 말하려고 노력해 왔던 것처럼, 그것이 해내는 모든 것은 실체화되고 투쟁을 시작하면서 그들이 오로지 '방어적인 기능'에 대해서만 이야기했더라도 그 때보다 더 많은 것을 안다고 믿기 위해 투쟁의 양진영으로 그 사람들을 인도하게 되는 것이다. 혹은 우리가 오로지 기능에 대해 말할 수만 있다면 더 좋았을 텐데, 그 상황은 동기와 반동기의 힘으로써 특별한 상황으로 인도하는 불균형의 모든 이유들이 된다.

프로이트는 개념적인 발판을 버리기가 쉬울 것이라고 말했다. 고민거리는 사람들이 발판의 밖을 빙빙 돌다가 거기에 건축을 시작하는 일이다. 자아는 우리가 결코 빼내올 수 없을 만큼 두꺼운 석벽으로 둘러싸여 있는 사물이 된다. 아마 그래도 우리는 그저 그것을 잊어버릴 수 있을 뿐이다.

제4장

전이와 해석

전이는 먼저 이전의 대상들에 의해 새로운 대상을 잘못 읽거나 왜곡할 수 있는 능력으로 이해되었다. 우리는 분석경험을 통하여 그 의미에 대한 처음의 스케치를 오로지 가장 좁은 의미로서의 전이로 보도록 배우게 되었다. 그와 비슷하게 전이의 왜곡을 교정하는 방식으로 생각되는 분석은 분석과정에 대해 있을 수 없는만큼 제한된 개념이 될 것이다. 앞에서 언급된 바와 같이 최근의 강조점은 독해에서 실패로서의 전이에 두고 있는 것이 아니라 새로운 대상이나 새로운 상황을 읽어내고 관련시킬 수 있는 힘으로서의 전이에 두고 있다. 그것은 자신의 이전 경험에 비추어서 자기 자신의 방식으로 관계나 상황에 투자하고 진입할 수 있는 힘이 된다. 그것은 옛것이 새것에 영향을 주도록 허용될 뿐만 아니라 새것이 옛것에 영향을 주도록 허용될 수도 있는 방식으로 새로운 경험에 개방시키는 힘이 된다.

'강력한 오독'은 강한 독자의 성취에 대한 해롤드 블룸(1973)의 용어이다. 독해는 텍스트가 단지 독자의 완전한 개입 없이 수동적으로 이해될 정도로 빈약해진다. 텍스트를 수동적으로 오해하거나 왜곡하는 일은 허약한 오독이다. 강력한 독해는 블룸에게서 선배 시인과의 투쟁에 의해 예시되었듯이 완전한 개입으로 인하여 반드시 '오독'이 된다. 시인으로서 그는 현재의 자신처럼, 이전의 모든 경험을 통해 자신을 형성해왔던 것처럼, 진정한 마음으로 선배시인과 조우하게 된다. 그 결과는 변모된 시인이 되고 선배에 대한 새로운 해석이 된다. 이런 의미에서의 독해와 전이는 자신을 변화시키고 자신이 개입하는 텍스트나 대상 혹은 이 세계를 변화시키는 상연(上演: enactment)이다. 전이가 저항이라고 말하는 것으로는 충분치 못한다. 데리다의 차연(différance)에서 옛것이 새것에 저항하고 새것이 옛것에 저항하는 것처럼, 전이와 저항에서는 연기와 차이가 압축되고 끝나게 된다.

언어의 힘은 전이의 덕분에 생기고, 전이의 힘은 언어의 덕분에 생긴다. 새것을 향하여 또한 변화를 향하여 환유적으로는 있는 그대로 그것을 실어 나르고 은유적으로는 그것을 넘기는 것[1]은 언어와 전이가 공동으로 수행한다.

충족되지 않은 욕구의 원래 상태로부터 회피하여 대상의 이미지로 지향하는 것을 나는 원억압이라 규정해 왔다. 앞으로 논의하겠지만 전의식적인 구성에 뒤따라오는 위험을 신호로 알려주는 소원들로부터 돌아서는 것이 고유의 억압이다. 외부의 위험으로부터 회피하는 것은 부정과 부인이다.

무의식적인 것은 방향전환 그 자체의 '기제'와 함께 회피해 왔던 모든 것이다. 그러나 회피해 왔던 것이 그 무엇이든 직면되어야 할 위험이나 애도되어야 할 상실로서 표현된다. 이런 의미에서 회피해 왔던 것은 그 무엇이든 위험으로부터 멀리 달아나게 하거나 자신의 근원으로 불러들이기 위하여 그의 현재 상태에 따라 그런 방식으로 말하게 된다. 발달의 방향이 자동적인 도피나 도전에 의지해야 하는 것보다 차라리 판단의 행사로 위험으로부터 방향을 바꾸고 직면할 수 있는 능력 쪽으로 향하게 된다는 프로이트의 언명을 나는 반복해서 강조해 왔다.

주

1) Laplanche(1976: p. 138)는 이렇게 썼다. "'전이', '은유': 그 말은 동일한 것이고, 원래 '넘기는 것'을 의미한다."(저자)

이런 방향전환들의 영구적인 상호작용에서 분화와 통합이 더 크게 성취될수록 위험에 직면할 수 있는 능력도 더욱 커진다. 자기의 핵심에 영원히 자리하고 있는 통일체 결여의 위험을 포함하여 위험에 직면할 수 있는 능력이 커지면 커질수록 그 대상을 지향하고 인정하며 사랑할 수 있는 능력도 더욱 더 커진다.

이런 방향전환은 하나의 일반개념으로서 전이의 구조가 된다. 정신분석적인 상황에서 전이는 분석가와 피분석자 사이에서 일어나는 방향전환의 상연—언어로의 도래—이다. 피분석자의 '전이'와 분석가의 '역전이'는 단지 전이의 근원이 피분석자에게 있는지 분석가에게 있는지 그 여부를 가리키는 용어일 뿐이다. 치료적 동맹이라 부르는 것은 이런 용어들에서 피분석자의 전이와 분석가의 전이 사이의 중앙에 놓인 장식물이다.

언어는 피분석자들의 의식적·무의식적인 다양한 이야기들을 허용해 주고, 전이는 이런 이야기들이 피분석자와 분석가 간의 관계에서 되살아나도록 해준다. 분석가 자신의 이야기는 중지되는데, 피분석자의 이야기가 분명하게 표명될 수 있는 여지를 마련해 줄 뿐만 아니라 어떤 의미로는 분석가가 피분석자의 이야기 속에 들어있는 인물이 되게끔 그 여지를 마련해 주기 위해 그렇다. 나는 어떤 역할을 가장하거나 떠맡는 것을 의미하지 않는다. 내가 의미하는 것은 피분석자의 의식적·무의식적인 이야기 속의 중요한 인물들과 어떤 점에서 걸맞게 된다는 분석가의 경험 속의 이런 요소들이 전면에 나타나게 되는데, 흔히 분석가가 그것을 알기도 전에 또한 그 정도로 그가 그러한 인물

주

2) 나는 「Z씨의 두 번의 분석」(Kohut, 1979)에서 코헛의 이론적인 입장이 라깡의 방향으로 변화되었을(Muller, 1989 참조) 뿐만 아니라, 첫 번째 분석에서는 피분석자의 어머니의 욕망을, 두 번째 분석에서는 아버지의 욕망을 불러일으키고 있다고 생각한다. 의심할 여지없이 이런 일은 어느 정도로 분석가의 이론적인 입장과는 상관없이 일어났을 것이다.(저자)

들이 된다는 것이다. 분석가의 욕망은 어느 정도로 피분석자의 이야기 속에 나오는 중요한 인물들의 욕망이 된다.[2)]

이것은 분석가가 피분석자와 그의 이야기를 알게 되는 한 가지 방식이다. 분석가와 피분석자 모두에게 이것은 전이 이야기가 된다. 어느 정도로 각자는 서로의 이야기 속으로 들어가게 된다.

위니커트의 이행기 대상이란 개념에 대해 논의하면서 폭스(Fox)는 다음과 같이 썼다.

> 전이는 임상적인 상황에서 일어나는 것처럼 중간의 경험이 되는데, 다시 말해 완전한 대상관계와 완벽한 자기애적인 철수와의 중간에 있다는 착각이 된다. 그것은 분석가의 텅 빈 스크린에 옮겨진 과거 인물들의 전치일 뿐 아니라 타자라는 사람에게서 이처럼 환상화된 인물들을 찾아내는 일도 된다. 꿈이 무의식적인 소원의 왜곡된 재창조보다 더 많은 것에 관련되는 것처럼 그와 똑같이 전이는 그 자체에게 표상가능성을 첨가해 주는 한 조각의 현실(혹은 낮의 찌꺼기)을 필요로 한다.(1984: p. 233)

전이는 피분석자가 누구인지 분명하게 보여주고, 전이는 분석가가 누구인지 암암리에 보여준다. 대체로 말이 없지만 분석가는 알려지게 되어 있다. 거기에는 제기된 질문들이 있고 주어진 해석들이 있으며, '흠' 소리의 인토네이션과 타이밍, 침묵의 성질, 제스처의 풍부함이나 결여, 움직임과 정지가 있고, 또한 유머와 굴욕, 비탄, 우울, 공황, 분노, 시기, 증오, 고양, 슬픔, 성적인 욕망 및 사랑에 대한 최소한의 반응까지도 존재하게 된다. 흔히 분석가의 익명(또한 분석가를 그린 피분석자의 왜곡된 그림에 대한 분석가의 무언의 반성)에 대한 피분석자의 항의는 각자가 타자에게 지니게 되는 지식의 깜짝 놀랄만한 친밀성에 대한 방어로 야기된다.

왜곡을 교정하고 왜곡을 설명하는 일은 대체로 프로이트가 도라에게 시도했던 것이다. 핵심적인 가치를 구성하는 것이 전이에 의해 실현된다고 그가 깨닫게 되었던 것은 훗날 실수가 없었던 건 아닐지라도 엄청난 실패의 자국을 따라 이뤄졌다. 무의식적인 이야기는 분석가가 기꺼이 그 이야기 속으로 들어갈 수 있는 지점에서 드러나게 된다.

이 모든 것의 목표가 무의식을 의식화하는 것일까? 그렇다면 "이드가 있었던 곳에 자아가 있게 될 것이다"(『표준 영역본』 22: p. 80)라고 말하는 것은 무엇을 의미할까? 프로이트에게 있어서 그의 의미[또한 피투성(被投性 Geworfenheit)과 기투(企投 Entwerfen)에 관한 하이데거의 사유][3] 는 "현재의 당신이 되라고 하는 언명"에 요약되어 있다(Loewald, 1978: p. 19).

> 억압에서처럼 그 개인이 자신의 점유되지 않은 이드에 빠져 있거나 그것의 소유를 부인할 정도로까지—또한 우리들 대부분이 상당한 정도로까지 그렇게 하는데—그는 그 자신의 내부에 있는 길들여지지 않는 무의식적인 힘에 의해 내몰리고 있다. 그는 자신의 이드에 머물러 있거나 노출되고 다시금 반복적으로 여러 가지 수준에서 자신의 무의식적인 힘을 개인화할 수 있을 정도까지 자유롭게 발달하고 자신의 미래를 만들어낸다. 프로이트한테 이러한 무의식적인 힘은 진정한 정신적 현실이다. 우리 실존의 이런 비개인적인(apersonal) 근거는 우리가 인간을 한

주

3) 기투와 피투성은 실존주의의 기본개념으로서, 기투란 가능적이고 잠재적인 내적 존재인 실존이 현실세계 속에서 항상 자기 자신을 창조하면서 그 가능성을 전개해 가는데, 이것은 실존이 '기도함'(entwerfen) 것이고 '앞에 던져짐'(projector) 것으로서 이러한 실존의 존재방식을 기투라 함. 피투성이란 일정한 상태 속에 던져진 실존의 존재방식을 취하는 것을 말하며 기투는 피투성 속에서 성립함. 하이데거는 피투성에 중점을 두고 사르트르는 "실존은 절대적으로 자유이다"라는 입장에서 기투를 강조함.

사람으로 만들어 가도록, 즉 각자 그 나름의 방식대로 한 사람으로 만들어 가도록 요구되어 있다고 그는 주장한다.(Loewald, 1978: p. 25)

또한 그는 다음과 같이 기술했다.

이드 혹은 역동적인 무의식은… 의식적이고 합리적인 삶에서 우리에게 익숙해져 있는 정신과정의 그런 형태들보다 더 오래된 경험이나 정신작용의 양식이 된다는 의미에서 그 개인의 과거사가 되고….

그러나 정신작용의 이런 '고태적인' 양식은 역시 우리 문화에서 그 자체의 타당성과 힘을 표명하고 있는 새롭게 재발견되고 평가된 양식이 된다. 정신분석의 추진력인 그 발견물들—대부분 그 창설자의 의식적인 의도와 반대가 되는 것들—은 비합리적인 무의식의 새로운 평가에 중요한 몫을 부여해 왔다. 현대 예술과 문학 및 철학에서, 젊은 세대의 기분과 포부와 생활지침에서 우리는 더욱 옛날식이고 더욱 깊이 뿌리내린 인간의 경험방식이 신선하게 활짝 꽃피우는 모습을 보게 되는데, 그런 경험방식은 아마도 덜 경직되고 덜 얼어붙고 더욱 인간적인 합리성 쪽으로 인도해가고 있을 것이다. 프로이트는 덧없고 연약하지만 무한히 귀중한 의식의 형성물들에 비해서 역동적인 무의식을 파괴할 수 없는 것이라고 불렀다. 이드가 있었던 그곳에 자아가 있게 될 것이다. 너무 쉽게 너무나 흔하게 자아는 경직되고 조절되지 않고 완고한 합리성과 동등하게 여겨진다. 따라서 오늘날 우리는 다음과 같이 덧붙이고 싶다. 자아가 있는 그곳에 자아의 삶과 이성의 삶을 다시금 새로워지게 만들기 위해 이드가 존재하게 될 것이다.(Loewald, 1978: pp. 15-16)

분석의 목표에 관한 문제는 아마도 피분석자의 문제—피분석자의 근본적인 문제—를 피분석자에게 되돌려 주는 최종적인 경우가 된다. '알 것으로 상정된 사람' 인 분석가는 피분석자가 어떤 사람이 되어야 하는지 혹은 어떤 사람이 될 것인지 알지 못한다. 이것이 분석가가 지녀야 할 절제의 핵심이다. 그러한 절제는 최종적으로 분석가의 편에서 지식의 보유가 아니라 지식의 부재, 즉 지식의 결여로 나타난다. 여기서 분석가의 침묵은 지식의 결여를 유창하나 공허한 말로 감춰두기를 확고하게 거부하는 것이다. 다시 말해서, 그것은 피분석자의 결정이나 가치가 요구되는 곳에서 분석가의 결정이나 가치로의 대체를 그만두는 것이다.

분석가의 작업은 피분석자가 존재의 의미, 즉 그 자신의 자유의 행사를 성취하도록 촉진시켜 주는 것이다. 분석가는 피분석자의 정신적 현실에서 위험으로 지각된 것에 대한 방어와 저항을 해석한다. 피분석자의 정신적 현실이란 영역에서는 모든 위험이 현실적인 위험이 된다. 그러나 피분석자의 이야기 속으로 들어가 버린 분석가에 의해 제공된 해석을 통하여 방어적인 자세에 변화가 일어날 때, 지금까지 회피되어 왔던 위험을 직면할 수도 있고 간혹은 쫓아내 버릴 수도 있다. 위험을 쫓아내 버리는 것은 즐거운 일이 아닐 수도 있다. 더 작은 위험을 없애버리는 것은 흔히 쫓아낼 수도 없는 더욱 심각한 위협을 맞이하게 된다.

그러나 궁극적으로 무의식적인 이야기의 폭로는 자신의 삶에 대해 더 풍부한 이야기를 구성하게끔 해줘서 더 풍족한 삶을 허용해준다고 말할 수 있다. 또한 더 넓은 기억의 범위와 더 넓은 현재 인식의 범위는 자신의 미래에 대해 더욱 개방적이면서 덜 방어적인 자세를 의미한다. 그러나 단지 피분석자의 이야기를 되살려내고 언어화하는 것으로 혹은 라깡의 용어로는 무의식의 현실을 상연하는 것으로 전이 재상연을 특징화하는 것은 충분치 못하다. 바로 그렇다. 하지만 원래 그 이야기를 구성하게 만든 그러한 상호작용의 재상연 덕분에 그 이야기는 되살아나게 된다.

나는 앞선 논의를 전이에 대해 널리 퍼져있는 견해들의 일반적인 진술로 간주한다. 나는 라깡의 적절한 모든 개념들에 관련되지 않으면서(또한 나와 관련된 몇 가지 개념들을 변형시키면서), 이런 식의 전이 이해가 라깡의 사유에서 어떻게 명확해지고 아울러 정교해지는지 그를 설명하는 쪽으로 돌아가 보려고 한다.

전이와 라깡의 언어

나는 라깡의 전이에 대한 생각에서 새롭고도 훌륭하다고 생각되는 것에 접근해가는 데 있어, 간혹은 그를 이해하려는 노력때문에 우리가 이미 알고 있는 바를 그가 우리에게 말하고 있음을 발견하게 된다고 말해야 할 것 같다. 분석은 증상의 제거에 국한되지 않는다. 그것은 그저 역동적으로 억압된 것의 내용들을 의식화하는 문제만은 아니다. 그것은 하나의 의식과 다른 의식 사이의 이자관계가 아니라 피분석자와 분석가 양쪽의 무의식에 의해 알려진 상황이다. 전이, 특히 긍정적인 전이는 사랑이지만, 분석가는 사랑에 대한 소원의 내부에 혹은 그 너머에 인정에 대한 더욱 근본적인 욕망이 있다는 것을 알고 있다. 욕망을 존재의 파괴할 수 없는 결여로 인정함으로써 욕망과 주체성은 가정되고 전이가 해소된다.

우리가 이미 알고 있던(우리가 그것을 알고 있음을 정확히 알았는지 아닌지) 그 정도는 자신의 가르침이 중점적으로 프로이트로의 회귀였다는 라깡의 주장 때문에 그리 놀랍지 않은 것이다. 그는 자신의 사유의 대부분이 그 자신의 고안인 것처럼 제시하지는 않았다. 그 대신 그는 그 당시의 분석가들한테 그들이 그 근본원리를 망각했다고 큰 소리로 외쳤다. 오늘날 우리가 영어로 보고 있는 『에크리』와 『정신분석의 네 가지 기본개념』과 같은 것에 대하여 말하고 있을 당시쯤에 그 영역 속으로 들어갔던 우리들 가운데 몇몇은 우리 또한 받아들였던 비판이거나 그 당시 소문으로 퍼져 있던 비판을 알아볼 수 있다. 그렇지 않았다면 설리반과 위니커트와 코허트가 어떻게 그처럼 많은 사람들 가운데 주인공이 되었겠는가? 라파포르트와 뢰발트와 샤퍼는 정통성을 가장하여 나타났던 편협한 설명조의 정신분석적인 공식화에 대한 대안들을 일관되게 언급하거나 제안해 왔다. 그러나 제6장에서 논의될 것처럼, 지도자를 따라 맹목적인 정통성에 면역이 된 그룹은 없다. 나는 라깡도 그의 말년에 라깡학파들 가운데 존재하는 바로 그 점에 대해 염려했던 것으로 알고 있다.

프로이트로의 회귀에 대한 요청은 전이에 관한 라깡의 논의에 나타난다. 흔히 새로운 것으로 받아들여지는 것 혹은—만일 그것이 이미 프로이트한테 있었다고 말하는 그가 옳다면—새롭게 설명되는 것은 무의식이 언어처럼 구조화되어 있다는 라깡의 생각이다. 라깡에 있어서 특별한 것 또한 그러한 생각과 일치하는 것은 존재의 결여에 대해 기술하는 그의 방식이 되는데, 존재의 결여에 의해 주체를 치료 쪽으로 인도하게 되며, 존재의 결여와 함께 주체는 언어적으로 구성된 세계를 의미하는 바로 이 세계로 들어오게 된다.

라깡은 그러한 존재의 결여를 욕망에 의해 표현되는 것으로 보고 있는데, 그 욕망은 유아의 요구 내에 이미 포함되어 있다. 결여는 언어로 진입하는 시점에서 원억압에 의해 기술된다. 그러나 내가 강조해 왔던 것처럼, 라깡이 언어(또한 언어로의 진입)를 지칭할 때, 그가 처음 시작부터—그의 원초적인 이미지에 주체가 포함되어—주체를 구조화하는 언어의 법칙을 의미하는지 혹은 말에서 그렇게 명백해지는 것과 같은 그런 법칙을 의미하는지 그 여부는 항상 분명해지는 것은 아니다. 뿐만 아니라 그가 언어로의 진입이라는 것을 오이디푸스기의 해소기간 동안 그러한 법칙들(법)에 복종함으로써 보다 더 높은 수준에서 상징계로의 진입을 의미하고 있는지 그 여부도 불분명하다. 다시 말해서, 그가 언어를 가리키는지 혹은 특정한 발달시기에서 언어 법칙들의 효과를 가리키는지 그 여부가 항상 분명한 것은 아니다. 그것을 다른 말로 바꿔 표현해 보면, 그가 특별한 문장에서 하나의 체계로서의 언어(la langue)를 의미하는지 혹은 말로서의 언어(la parole)를 의미하는지, 언어능력을 의미하는지 언어수행을 의미하는지 그 여부는 흔히 불확실하다. 후자에 관해서는 명쾌함의 결여가 의도되어 있다는 것—그가 두 가지를 모두 의미하길 바랐다는 것—이 나의 의견이다. '그것', 즉 대타자가 말하고 있다. 언어와 언어의 법칙들은 주체가 형성되기 전부터 거기에 있었고 그 자신의 결여와 한계를 알아차리게끔 만들어 주는 매개물로 남아있다.

라깡은 분석가의 위치에 대하여 '대타자의 자리에 있는' 것이라 하고 '알 것으로 가정된' 사람이라고 썼는데, 특히 후자는 그가 특별히 전이에 대해 언급했던 텍스트에 나와 있다. 비록 분석가가 자기 자신을 '알 것으로 가정된' 권위자로 간주하지는 않을지라도, 이런 식으로 분석가를 생각하는 것은 피분석자의 전이적인 소원과 가정이 된다. 라깡은 "알 것으로 가정된 주체가 존재하자마자 전이가 있게 된다"고 기술했다(1978a: p. 230).

전이의 해소에서 피분석자는 자신의 주체성을 결여에 의해 표현되는 것으로 간주할 수 있는데, 다시 말해, 알 것으로 가정된 사람, 대타자의 자리에 있는 사람에게서의 결여, 즉 대타자에게서의 결여를 인정함으로써 표현되는 것으로 간주할 수 있다(라깡 1977a: p. 263). 다시 말해, 대타자의 자리에 있는 사람도 대타자(자신의 존재를 구조화하는 언어의 법칙들)도 존재에의 결여, 즉 인간을 구성하는 존재의 결여를 지워버릴 수 없다. 그러나 알 것으로 가정된 사람에게 향하는 욕망을 피분석자의 것으로 돌리는 최초의 속성은 약간 두뇌적인 것처럼 보이는데, 다시 말해, 피분석자가 자신의 존재의 결여에 대한 답으로 어렴풋이 생각되는 그 한계를 약간 넘어서는 것처럼 보인다. 내 생각하는 방식대로라면, '인간의 매듭 현상으로서의 욕망' (라깡 1978a: p. 231)은 대타자의 자리에 있는 분석가란 점에서 전이를 생각하는 것과 더 잘 어울린다. 그것은 너무 어려서 알지 못하거나 지식에 대해 마음을 쓰지 않는 유아가 이 세계로 들어오는 방법과 더 잘 일치한다. 또한 그것은 어머니와 아버지가 대타자의 자리에 있다는 라깡의 강조점과도 일치하는데, 그 이유는 그들이 월등한 지식을 지녔기 때문이 아니라(라깡 1977a: p. 174 참조) 그들이 이 세계 내에 존재하는 비(非)자기애적인 방식과 미래를 보여주기 때문이다.

첫째로 대타자(대문자 O를 가진 the Other)는 법과 언어를 가리킨다. 대타자의 다른 용도는 대타자의 자리에 있는 대상에 관한 것으로서, 다시 말해, 대타자를 나타내는 사람이고(라깡 1977a: p. 264) 특별한 문화에 구체화된 것으로서 언어와 법 및 상징계의 매개자이다. 두 번째 의미로는, 타자가 신체적인 욕구의 충족을 표상하는 원래의 소원을 모델로 삼는 요구의 대상이라는 점에서 그것은 소타자(소문자 o를 갖는 other)이다. 소타자가 욕망의 대상(즉, 주체로서 주체에게 선천적인 존재의 결여를 나타내는 부족분)이라는 점에서 그것은 대타자의 자리에 있는 존재라는 의미로서의 대타자이다. 추론은 "욕망이 상징계를 추정한다"는 것이다(뮬러 및 리처드슨 1982: p. 413).

흔적과 이미지 및 상상적 능력

주체를 표시해 주는 결여는 실재계로부터 이미지와 언어로 전환되었던 결과이다. 원래의 환각적인 이미지가 어머니를 잘못 대체한 전환에 관하여 프로이트는 그러한 어머니의 인식을 허용해 주는 사유의 동일성에 의해 야기된 '교정'을 강조했다. 다른 한편, 라깡은 일단 언어로 전환되면 되돌아갈 길이 없다는 점을 강조하고 있다. 그러한 어머니를 알 수 있는 유일한 길은 언어의 법칙이 사유의 동일성에 대한 능력을 구조화하는 방법의 문제가 된다. 이 세계에 존재하는 그 방법에는 실재적인 어머니와 맺은, 실제적이든 상상적이든, 지금과는 달라진 이전의 관련성을 상실한 느낌이 동반된다. 프로이트는 그 대상을 되찾는 수단을 강조하고, 라깡은 주체가 그처럼 되찾는 데에 가져온 결여의 영원한 표시를 강조한다.

나는 상상적인 능력이 말보다 앞서 언어처럼 구조화된 무의식—말을 허용해 주는 구조화—을 가리키는 것으로 간주할 뿐만 아니라, 말의 습득 시기로부터 삼자적인 오이디푸스 해소로 가는 주로 이자적인 관계의 영역에서 광범위하게 확장된 자기와 이 세계의 구성을 가리키는 것으로도 간주한다. 나는 주로 이자에 대해 이야기하게 되는데, 그 이유는 그 시작부터 제삼자(대타자)가 제6장에서 논의하게 될 개인적인 선사시대의 아버지인 그처럼 위대한 신화적인 이름 아래 프로이트가 모아둔 모든 것 주변에 오고 있기 때문이다.

만일 원초적인 이미지가 라깡의 사유(또한 그에 따르면 프로이트의 사유)에서 언어의 구조화 기능과 시니피앙으로서의 이미지를 가져오기에는 너무 이른 시기처럼 보인다면, 우리는 라깡이 지각적인 흔적을 '시니피앙'이라 부르면서(라깡 1978a: p. 46) 너무 앞서 갔음을 언급해야 할 것이다. 또한 그것이 전이라는 토픽으로부터 너무 멀리 떠난 것 같다면, 우리는 다음과 같은 논의가 『정신분석의 네 가지 기본개념』의 「해석에서 전이로」라는 제19장에서 찾아볼 수 있음을 기억해 둬야 한다. 라깡의 논의는 '환원될 수 없는 시니피앙'과

'원래부터 억압된 시니피앙' 에 관한 것이고, 또 하나는 "X로서의 주체가 오로지 원억압(Urverdrängung)으로부터, 즉 이런 첫 번째 시니피앙의 필수적인 추락으로부터 구성될 수 있는 그런 시기의 필요성"에 관한 것이다.

정신적인 것이 가상적인 것으로 나타나는 지각적인 흔적과 프로이트의 광학도식에 관하여 라깡은 다음과 같이 기술했다.

> 이것은 무의식의 주체가 지각과 의식 사이에 위치한 거대한 과시, 즉 특별한 유령과 같은… 일을 해내는 장소이며…. 대타자의 자리가 위치해 있는, 그 둘을 서로 분리시키는 간격은 주체가 구성되는 [그 간격이다.]
>
> 지각의 흔적들(Wahrnehmungszeichen)은 어떻게 작용하는가? 프로이트는…이런 지각의 흔적들이 동시적으로 구성될 수밖에 없는 시간을 지정해 준다. 이런 시간이 의미 있는 공시성이 아니라면 무엇이란 말인가? 물론 프로이트는 더욱더 이것을 이야기하고 있는데, 자신이 언어학자들보다 50년이나 먼저 그것에 대해 말하고 있다는 사실을 알지 못한다. 그러나 우리는 즉각적으로 지각의 흔적들에게 시니피앙이란 진정한 명칭을 부여해 줄 수 있고…. 프로이트가 『꿈의 해석』에서 이런 위치로 되돌아갈 때에도 그 흔적들이 유추에 의해 이 시간으로 구성되게 하는 다른 층위들을 가리키고 있다. 우리가 여기서 갖고 있는 것은 통시성에 의해 소개된 은유의 구성에서 그처럼 본질적인 대조와 유사성의 기능들이며….
>
> 우리는 프로이트의 표명에서 이러한 공시성에 연루된 것이 오직 무작위이면서 인접된 연상들에 의해 형성된 네트워크만은 아니라는 매우 명백한 징후를 찾아내게 된다. 시니피앙들은 오로지 구성적인 통시성의 매우 잘 규정된 구조 덕분에 동시적으로 스스로를 구성할 수 있을 뿐이다.(1978a: pp. 45-46)

「해석에서 전이로」에 나오는 '환원될 수 없는 시니피앙', 즉 '원래부터 억압된 시니피앙'에 관한 문장은 지각적인 흔적들로부터 이미지로 옮겨가게 된다. 나는 그것을 다음과 같이 읽거나 해석하고 보충하거나 바꿔본다. 환원될 수 없고 원래부터 억압된 시니피앙은 대상의 첫 번째 환각적인 이미지가 아니다. 그런 첫 번째 이미지는 충족경험의 기억과 예기로서 강압적인 욕구의 순간에 일어나게 된다. 사유의 동일성 내에서 회피되는 것은 대상의 이미지가 아니라 환각으로서의 이미지인데, 그것이 회피하려는 위험과 재빨리 연합하게 된다. 욕구에 의해 구성된 체계와 욕구 대상의 부재 때문에, 또한 지각과 관념작용, 정동, 기억 및 예기를 가능하게 하는 최초의 자율적인 능력들 때문에, 시니피앙으로서 그러한 이미지는 충족경험을 의미한다. 그러나 만일 우리가 무의식적인 지식의 점진적인 구성을 가정한다면 그것이 무의식적일지라도 그 사실을 유아가 '알' 수 있는 길이 없다. 유아가 관련되어 있는 한, 원래의 이미지는 그 다음에 뒤이어 정립된 '원래부터 억압된 시니피앙'과 똑같이 '프로이트의 용어를 이용하면, 무의미(non-sense)의 핵심(Kern)' (라깡 1978a: p. 250)이 된다. 그러나 충족경험의 이미지는 위험에서 더욱 멀어지고, 의미를 갖게 되며, 시니피에와 지시물이 알려진 그런 시니피앙이 되어 가는데, 지각적인 흔적의 구성이라는 프로이트의 서술 경향에 따라 일차과정의 사유가 점진적인 구성을 성취해가는 것과 같다.

강압적인 욕구의 시기에 일어나는 어머니의 이미지는 신체적인 욕구의 충족과 관련될 수밖에 없다. 그것이 원래의 요구이다. 나는 억압될 수밖에 없으며 환원될 수 없는 시니피앙이 비강압적인 시기에 일어난다고 생각하는데, 그 시기에는 욕구들이 절박하지 않고 이미지는 더욱 다양한 불균형의 중심들에서 일어나게 된다. 역시 욕망의 소질들에 대한 이런 표상체들은 처음엔 아무런 의미도 없을 것이다. 그러나 이처럼 더욱 자유롭고 중립적인 이미지는 이미지의 세계가 열리는 경로가 될 수 있을 텐데, 그 안에서 의미가 형성되고 또한 그 안에서 주체는 처음으로 그 자신을 주체로 인정하게 되는 것이다.

이러한 인정은 파국과 상실로 나타난다. 분리에 대한 그러한 인식의 가장 가까운 선구자가 되는 무의미한 시니피앙은 원래부터 억압된 시니피앙이 된다. 그와 연결된 이후의 시니피앙들도 역시 억압될 것이다. 그러나 그러한 일련의 시니피앙들의 억압, 즉 앞선 시니피앙들에 대한 스크린으로서의 마지막 기능은 자신의 주체성의 인정에 있어 첫 단계가 되는 부정이나 거부의 한 형태로 간주될 수 있다. 따라서 자신의 주체성에 대한 최초의 부정과 상실은 자신의 주체성을 구성하는 방법이 된다. 자신의 주체성은 처음엔 분리의 위험으로서 마주치게 되고, 그러한 상실 덕분에 또한 그 단계에서 시니피앙들의 무의미 덕분에 무(無)와 직면하게 된다. 그러나 자신의 주체성으로서 그것은 특히 귀중하면서도 그로 인해 수수께끼 같고 기괴한 위험으로 보이게 된다. 그것은 직면되어야 할 위험일 뿐 아니라 가정된 위험이기도 하다.

앞에서 언급된 멜라니 클라인의 환자(라깡이 언어는 지녔지만 말을 갖지 못한 것으로 언급한 환자)에게서처럼 심각한 발달결함이나 견실한 방어가 없다면, 말은 성취된 통일체, 즉 이미 직면하게 된 자신의 주체성의 첫 번째 시니피앙과의 작은 충돌을 알려주게 되고, 또한 고유한 억압 능력이 확립되었음을 암시해 준다. 라깡이 흔히 원억압으로 의미하는 것은 자신의 주체성의 첫 번째 시니피앙에 대한 억압인데, 그것은 차이로부터의 도피이고, 제삼자로부터, 대타자로부터의 도피이며, 부정에 의해 대타자가 인정되고 무의식적 주체가 구성되는 그런 대타자로부터 돌아서는 것이다. 그런 용법은 그의 원억압 개념에 경계선적인 것을 부여해 주는데, 그가 고유한 억압의 제1심을 가리키는지 혹은 원억압의 가장 중요한 최종심을 가리키는지 불명확한 채로 남겨두고 있으며, 그 심급(instance)에서 자신의 주체성에 대한 주체의 관심이 작동하기 시작했다가 억압되고 있다.

나는 상상계가 전오이디푸스 시기에서 주로 이자관계 양식으로 통일체의 등급을 올려주는 수단이 된다는 점을 강조해 왔다. 그러한 통일체는 오이디푸스 시기로의 진입에 대한 가정이다. 그것은 그 시기를 넘어서면 오로지 방어적으로 될 뿐이다. 라깡은 거울단계의 '형성적인 효과'(1977a: p. 3)에 대해 말하고, 다른 문장들(예를 들어, 1977a: pp. 4, 5, 17, 89, 120, 308; 1978a: p. 144)[4] 에서는 상상적인 능력의 중요성을 다양하게 방어하고 있다. 자아에 대한 그의 정의에서조차 만일 그곳에 자아가 없다면 거기엔 그런 곳도 없다. 그는 이렇게 썼다. "분석가의 손발이 닿는 범위 내에 있는 유일한 대상은 그를 자아로서의 주체에게 연결시켜 주는 상상적인 관계이다"(1977a: p. 45). 또한 그는 다음과 같이 기술했다.

> 분석에서 주체에게 어떻게 대답할지 알기 위해서 그 절차는 무엇보다도 먼저 그의 자아가 존재하는 장소를 확인하는 일인데, 그 자아는 프로이트 자신이 구어적인 핵심으로 형성된 자아라고 규정했다. 달리 말해서, 주체가 자신의 문제를 누구를 통해서 또한 누구에게 제기할 것인지 아는 일이다. 이것을 알지 못하는 한, 그곳에서 인정되어야 할 욕망에 관하여 또한 이런 욕망을 말로 건네게 될 사람에게 그 대상에 관하여 오해할 위험성이 있게 될 것이다.(1977a: p. 89)

주

4) 뮬러와 리처드슨(1982: p. 403)은 이런 문장들 가운데 하나에 대해 다음과 같이 언급한다. "상상계의 구조화는 상징계로의 완전한 진입이 가능해지기 전에 매우 필요한 것처럼 보인다." 라깡의 어법으로는 "주체는… 그의 상상적인 현실에서 반드시… 그 자신을 구성해야 한다"는 것이다(1978a: p. 144).(저자)

라깡은 자신의 첫 번째 세미나에서 멜라니 클라인의 네 살짜리 환자(Dick 사례: 역자)에 대하여 말했는데, 순전히 무관심하고 '멍한' 환자로서, "조금의 무의식도 없는" 주체이고, "상상계와 실재계를 작동시켜서 자신의 발달을 획득할 수 있는" 능력이 전혀 없는 주체라고 말했다(*Séminaire I*, 1975: p. 100, 펠만 1987: p. 122에서 재인용). "일어나지 않은 일은 대상들의 서로 다른 형태들—실재계와 상상계—간의 자유로운 유희, 즉 결합이다"라고 그는 말했다(*Séminaire I*, 1975: p. 97, 펠만 1987: p. 111에서 인용). "말과 언어는 동일한 것이 아니다. 즉 이 아이는… 언어의 주인이지만 말을 하지 않는다. 그것은 거기에 있는 주체이고 또한 문자 그대로, 대답하지 않는 주체이다. 말은 그에게 나타나지 않았다. … 그에게 실재계와 상상계는 동일한 것이고…"(펠만 1987: p. 113).

내가 "무의식이 없다"는 말을 선택하는 것은 욕망과 타자에 대한 호소나 외침의 근원이 될 수 있는 결여와 상실의 '원래부터 억압된 시니피앙'이 없다는 것을 의미하기 위해서이다. 그렇다면 라깡의 가정은 이처럼 극도로 냉담한 아이의 생활에서의 무(無)라는 것이 되살아났다는 것인데, 분리된 주체를 암시해줬던 이유 때문에 시니피앙이 억압될 시점에 이르도록 되살아났다는 점이다.

이런 모든 것들이 전이와 해석에 관한 라깡의 사유와 어떻게 관련되어야 할까? 그의 사유에서는 이렇다. 사랑에 대한 요구에서 결정적으로 부정되거나 감춰져 왔던 그의 욕망과 주체성에 관련된 모든 것이 인식되어야 하고 명백해져야 한다는 것이다. 또한 인식, 즉 해석은 특별한 주체에 의해 억압된 특별한 시니피앙들로 이뤄져야 한다.

> 해석은 그 어떤 의미작용도 괜찮은 것이 아닌 의미작용이고…. 그것은 환원될 수 없는 시니피앙을 나타내는 효과를 갖고 있으며…. 그것이

주체의 무의식에 관한 문제일 때 또한 환원될 수 없고 무의미한(non-sensical)—무의미로 구성된—의미화 요소들을 나타내려고 의도될 때 거기에 존재하는 것은 풍부하고 복잡하며….

해석은 모든 의미에 열려 있는 것은 아니다. 그것은 그 어떤 해석도 괜찮다는 것은 결코 아니다. 그것은 중대한 해석으로서, 놓쳐서는 안 되는 해석이다. 이 말은 그것이 주체의 출현에 필수적인 이런 의미작용이 아니라는 것을 의미하지는 않는다. 필수적인 것은 그가 이런 의미작용을 넘어 주체로서 복종해야 하는 그 어떤 시니피앙—무의미하고 환원될 수 없으며 외상적인 것—을 배려해야 한다는 것이다.(1978a: pp. 250-51; p. 276)5)

이것은 피투성의 최종적인 형식화이다. 라깡이 여기서 이야기하고 있는 것은 기초, 즉 거세불안과 음경선망[6] 의 형태로 나타나는 것을 넘어선 기초이다. 그것은 도달하기 어려운 목표이다. 원래부터 억압된 시니피앙의 원초적인 일련의 표상체들에서 마지막 것을 폭로하는 일이 부분적으로 행운의 일이라고 나는 판단할 것 같다. 대부분의 재구성—충분히 유효하다고 나는 믿는다—은 전이의 반복에서 드러나는 것처럼 원래 그러한 일련의 시니피앙들을 불러냈던 그런 상황으로

주

5) 영문 번역과 약간의 차이를 보일 수 있는 것은 역자가 J. Lacan의 *Le Séminaire livre XI, Les quatre concepts fondamentaux de la psychanalyse*(1973, Seuil) pp. 278-9를 참조하여 번역했기 때문이다.

6) penis envy는 보통 '남근선망' 으로 번역되고 있지만 여기서는 남근(phallus)과 엄격히 구분하기 위해 '음경선망' 으로 번역했다. 프로이트는 음경과 남근을 엄격히 구분해 사용하지 않았으나, 라깡은 음경으로 생물학적 기관을 지칭하고 남근으로 이 기관의 상상적이고 상징적인 기능을 지칭하고 있다. 라깡에게 있어서 남근은 '대타자의 욕망의 시니피앙' 이고 향락의 시니피앙이 된다. 『에크리 선역』(p. 285)에 나오는 「남근의 의미작용」이란 논문에서는 "만일 그것으로 우리가 상상적 효과를 의미해야 한다면 남근은 환상이 아니다. 그러한 대상도 아니다. 남근이 상징하는 것은 기관이나 음경 또는 음핵은 더더욱 아니다.… 남근은 시니피앙이다."

되어 있다. 그러나 당연히 그렇게 확립된 유효한 해석과 재구성은 무의미의 원초적인 연결이 드러나든 아니든 원래의 의미화 연쇄에서 최근의 연결이 될 것이다. 의심할 여지없이 그런 원초적인 연결의 어떤 근접한 표상체들은 성공적인 분석에 나타나곤 했는데, 분석가나 피분석자에 의해 알려지지 않았을지라도 그렇다. 모든 것이 해석되는 것은 아니다. 또한 그럴 수 있을지라도 그 요점은 의미작용을 넘어, 의미를 넘어, 그 핵심에서 무(無)—언어에 의해, 대타자에 의해 유지된 무(無)—에 도달하는 것이 본질적이다.

제5장

정동의 의미화 역할

나는 원래부터 억압된 시니피앙들이 더 많이 폭로될수록 분석경험도 더욱 유효해지리라는 것을 확신하고 있거나 혹은 그 어떤 사건에서라도 기꺼이 확신한다고 나는 생각한다. 그러나 원래부터 억압된 혹은 아직도 성취되고 있는 주체성의 차원으로 향해가는 점근적인 접근에서 자아 방어의 포기는 "주체의 출현에 필수적인 의미작용을 넘어… 주체로서 그가 복종하게 되는 시니피앙—무의미하고 환원될 수 없으며 외상적인—에"(라깡 1978a: pp. 250-51) 도달함으로써 표현되지 않을 수도 있다. 비록 피분석자가 적절하고 중요한 해석에 의해 그런 반응의 요점에 이르게 될지라도 세계로의 피투성이란 그의 기본적인 의미는 그러한 기본적인 경험의 정동적인 등가물로 나타날 수 있다.

모든 라깡학파 사람들이 정동에 대한 언급에조차 두 손을 들기 이전에 우리는 정동 역시 어떻게 의미화 체계의 일부가 되는지 잠시 생각해 볼 수 있을 것이다.

만일 우리가 **그 어떤** 비방어적 기능을 떠맡긴 것으로 생각되는 자아개념의 사유에 대한 라깡의 장벽을 깨뜨릴 수 있다면, 자아를 감정의 자리라고 말한 프로이트의 친숙한 언급 속으로 빠져들 수도 있을 것이다. 아마도 라깡은 그러한 실수를 피하기 위해 감정과는 (적어도 개념적으로는) 그처럼 관련되지 않으려고 했던 것 같다. 그러나 여기서 그런 장벽을 깨보려고 애쓰진 말자. 그저 정동반응에 대해 말해보고 그 길을 마련하기 위해 다시금 쾌락원칙에 대해 말해보자.

긍정과 부정

크리스테바(1983)와 그린(1983)처럼 내가 라깡한테 정동을 도입하려고—아니, 도입이 아니라 이미 거기에 있고 광장 가운데 숨겨져 있는 곳을 보여주려고—시도하는 장면을 설정하기 위해서, 나는 욕구 대상의 부재와 함께 그리고 본래의 적절한 가능성과 함께 정동적으로 표상된 혹은 관념적으로 표상된 욕구나 욕동이 하나의 체계를 구성한다는 것을 다시금 강조해 보고 싶다. 그러한 체계가 작동하는 방법은 쾌락원칙의 진술이 상세히 말해주는 것이다. 쾌락원칙은 본질적으로 정신결정론과 중복결정론 및 다중기능 원칙과 동일 연장선상에 있다(Waelder, 1936). 정신적 구성의 모든 수준에서, 즉 성숙의 모든 수준에서 각각의 불균형의 초점은 (정동적인 문맥과 기억과 예기와 함께 그리고 불균형의 해소를 인도해가고 강요하는 구조적인 조건과 함께) 그 자체의 영향과 효과를 갖게 된다. 이런 효과는 행동의 거시적인 방향성이나 지향성뿐만 아니라 그러한 해소를 수행하면서 발생하는 환유적인 정교화 혹은 은유적인 압축에 해당되는 각각의 사례의 미시적인 선택에도 적용된다. 이것이 바로 라깡의 진술(또한 암묵적으로는 프로이트의 진술)의 의미이다. "시니피앙들은 오로지 매우 잘 규정된 구성적 통시성의 구조 덕분에 스스로를 동시적으로 구성할 수 있다"(1978a: p. 46).

원초적인 정신작용의 방향성(언어에 기초를 두고 있는 이차과정 사유의 변화된 구조적 조건에 의해 허용된 의도성을 선행하는 것)은 불균형의 중심으로부터 회피하여(George Klein[1967]의 사유에서는 불균형의 영역으로부터 회피) 그런 불균형을 해소시켜 줄만한 대상으로 향하고 있다. 비록 동기의 역동성이 높은 긴장에서 낮은 긴장으로 향해가는 것일지라도, 구조 없이는, 즉 긴장의 유지 없이는 긴장이라는 것이 있을 수 없다. 학습이 긴장을 유지시키는 새로운 질서의 구조를 확립시켜 준다. 따라서 전반적인 발달의 방향은 긴장에 대한 더 높은 내성(耐性) 쪽으로 향하게 되는데, 예를 들어, 자동적인 도전-도피 반응으로 긴장을 즉각적으로 풀어내기보다는 차라리 위험에 직면하는 쪽으로 돌아서는 것이다(프로이트 『표준 영역본』12: p. 221; 라파포르트 1960: pp. 875-77, 890).

쾌락원칙은 (언어의 법칙처럼) 그 체계가 작동하는 방식에 대한 진술이다. 흔히 불균형의 의식적인 반응은 어머니가 응답하게 되는 울음소리로 나타나듯이 특히나 원초적으로 정동적인 불쾌가 된다는 것은 사실이다. 또한 그것은 그 원칙이 '불쾌원칙'이란 처음 명칭을 얻게 되었던 장소가 된다. 그러나 그 원칙은 단지 사물이 작동되는 방식에 대한 진술이 되며, 사물은 쾌락이나 불쾌의 의식적인 경험이 있든가 혹은 없게 되는 그 여부에 따라 작동된다(라파포르트 1960: pp. 875-77; 1953: p. 504; 라파포르트 및 Gill 1959: p. 802; 스미스 1977).

발달과 함께 하고 비강압적인 이미지와 느낌으로 시작하여, 모든 불균형의 초점들이 위험의 신호를 알려주고 따라서 정동적인 불쾌의 신호를 알려주는 것은 아니다. 위험스럽지 않은 불균형의 초점들은 성인에게 동기를 부여해주는데, 예를 들어, 성적인 결합뿐만 아니라 자신의 흥미와 기획의 철저한 추구까지도 그 동기를 부여해준다. 현실원칙이 작동되기 시작할 때, 또한 반복강박이 작동되기 시작할 때에도, 그것은 여전히 불균형의 해소를 기약해 주는 대상에게 향하도록 동기를 부여해주는 불균형의 초점들에 관한 문제가 되지만 두려울 정도로 더욱 복잡한 구조적 조건하에서 그렇다.

유아에 대해서는 남겨두고 언어의 법칙들이 효과를 내는 한 가지 방식이라고 라깡이 말했던 상위수준의 이원주의 사례에 대한 프로이트의 설명을 들여다보자.

> 판단에 관한 연구로 우리는, 아마 처음이겠지만, 최초의 본능적인 충동들의 상호작용에서 지적인 기능의 근원에 대한 통찰력을 얻게 된다. 판단한다는 것은 편의에 따라 쾌락원칙에 의하여 자아가 사물들을 자신에게 포함시키거나 자신으로부터 쫓아내 버렸던 최초의 과정의 연속이 된다. 판단의 양극은 우리가 존재할 것으로 가정해 왔던 두 집단의 본능들의 대조에 부합하는 것처럼 보인다. 긍정—결합의 대체로서—은 에로스에 속하고, 부정—축출의 후계자—은 파괴본능에 속한다.(프로이트 『표준 영역본』19: p. 239)

프로이트와 라깡은 둘 모두 쾌락원칙의 저편이 존재한다고 주장했다. 그들은 각자 그 어법에 빠져있기 때문에 그러한 입장을 고수했는데, 그 어법에 따라 쾌락원칙은 원초적인 일차과정 사유에 국한되든가 쾌락추구의 원칙이 되든가 혹은 둘 모두가 되었다. 정말로 위의 문장 다음에는 간략하게 '쾌락원칙의 강박으로부터의 자유'라는 언급이 뒤따르고 있다. 그러나 『쾌락원칙을 넘어서』와 그 텍스트에 대한 라깡의 관심(또한 데리다의 관심[1987])에서 중요한 문제로 부각되었던 것은 정확히 쾌락원칙의 이런 협소한 어법이었다. 부정적인 치료반응과 반복강박에서 프로이트는 소원충족 이론의 단순화한 전개로도 설명될 수 없었던 구조적인 조건들과 조우하게 되었다.

프로이트 글의 요점은 라깡이 이원주의를 언어의 법칙에 위치시킨 것과 사실상 동일한 방법으로 쾌락원칙의 작동을 보여줄 뿐만 아니라 매우 발전된 수준에서 쾌락원칙의 작동을 참조한다는 것이다. 그 다음에 뒤이은 쾌락원칙의 강박으로부터의 자유에 대한 참조는 원초적인 경험의 참조가 되며, 판단 능력을 제공하고 또한 일반적으로 강박으로부터 상대적인 정도의 자율성을 제공하는 상위수준의 구조들이 발달되고 구성되기 이전의 일인데, 다시 말해서, 그것은 욕동들이나 외부환경의 처분에 따르는 존재로부터의 자유에 대한 참조가 된다(라파포르트 1957).

만일 쾌락원칙이 의식적인 불쾌로 신호하는 위험으로부터 그런 위험의 해소를 약속해주는 대상에게로의 전환을 포함할 뿐만 아니라 넘어서기도 한다면, 정동의 의미화 역할의 자리는 무엇이란 말인가? 그린(Green 1983)이 암시한대로 정동은 시니피앙으로 취급될 것인가?

정동과 의미작용

그처럼 쾌락과 불쾌가 쾌락원칙과는 아무런 관련이 없다고 말한다고[1] 해서 정동적인 경험이 관념작용과 사유와 더불어 아무런 의미화 역할도 갖지 못한다고 말하는 것은 아니다. 쾌락원칙과 관련된 정동의 역할은 말과 전의식적인 구성 간의 관계에 대한 프로이트의 최종적인 진술과 완벽한 유추를 이루는 것으로 이해될 수 있는데(프로이트 『표준 영역본』23: p. 162), 여기서 프로이트는 전의식적인 구성의 전(前)언어적 완성이 말을 허용해주는 구조적인 성취가 된다고 여겼

주

1) 라파포르트는 쾌락원칙이 "그 자체로 쾌락이나 고통과 아무런 관련도 없다"고 말했다(1957-59, 1: p. 74).(저자)

2) 영어로 sign이라 되어 있기 때문에 '기호'라 번역했지만, 이 다음 문단에서도 마찬가지로 여기서는 '신호'나 '표시'의 의미가 더 강하다. 언어학이나 기호학의 '기호'라고 생각하기는 어렵다.

다. 그렇다면 말의 현존은 전의식적인 구성이 완성되었다는 확실한 기호[2] 가 된다.

쾌락원칙을 설명해 주는 모델이 위험에 대한 반응으로서 불안신호의 모델이 되어왔던 반면에, 위험은 오로지 불균형의 한 부류의 초점들이 될 뿐이고, 그리고 발달과 더불어 점진적으로 형성되어 갈 뿐이다. 그러나 잠재적인 위험상황을 드러내 보이는 무의식적인 주사[3]의 경우에도, 불안신호를 불러일으키기 전에 그런 상황으로부터 회피할 수 있도록 대개 무의식체계가 작동된다고 가정해야 할 것이다. 그러나 만일 불안이 일어난다면 위험상황이 의식적으로 알려지지 않을지라도 조우되고 있다는 확실한 기호가 된다. 오직 그러한 이해에 기초를 둬야 우리는 프로이트가 정동의 의미화 역할에 대해 썼던 모든 것을 개선하고 재정립시킬 수 있다.

정동을 2등급(second-order)의 시니피앙으로 취급해야 한다는 그린의 생각[4] 속에 들어있는 문제점은 시니피앙들은 억압될 수 있는데 정동은 억압될 수 없다는 것이다.[5]

주

3) scansion: 라깡 정신분석에서는 '운율에 맞춰 낭독하기' 라는 뜻이 더 강하여 韻讀이라 부른다. 운독이란 분석시간에 피분석자가 중요한 무언가를 말했을 때 그 부분이 의미 있는 것임을 알려주기 위해 그 순간에 면담시간을 끝냄으로써 피분석자로 하여금 그 부분에 관심을 갖도록 하는 방법이다. 이 운독으로 분석시간이 변할 수 있어 다른 학파에서는 라깡의 분석을 '짧은 분석시간' (short session)이라고 폄하하지만 '가변적인 분석시간' (variable-length session)은 라깡 정신분석의 핵심개념이 된다. 그러나 여기서 저자는 다음에 나올 무의식적인 'scanning' 과 함께 세밀하게 조사하거나 전파탐지기로 주사(走査)한다는 뜻으로 이해하는 것 같다.

4) Joseph Smith와 W. Kerrigan이 편집한 Psychiatry and the Humanities 제6권 *Interpreting Lacan*에 실린 André Green의 논문 'The logic of Lacan' s objet (a) and Freudian theory: convergences and questions에는, 표상 방식의 차별적 분배문제를 제기하는 자리에서, 타대상이 변형의 구조로서 존재하는데, 욕망의 대상이 새로운 변이를 향해가고 "대상이 되는 것이 바로 욕망이다"라고 한다. 여기에 수많은 형태들이 교차하게 되는데, 프로이트의 이론을 참조하여 공시적인 축과 통시적인 축으로 설명한다. 공시적 축에서 우리는 사유와 **정동(as secondary signifiers)**과 두 가지 다른 범주들로 형성된 한 계열을 갖게 된다고 되어 있다(p. 185).

프로이트는 무의식적인 사유가 그 용어에 있어 모순이 된다는 주장을 무시했지만, 무의식적인 정동은 그러한 모순이 **되었다**고 일관되게 주장했다(프로이트 『표준 영역본』14: pp. 177-78; 19: pp. 22-23; 21: p. 135). 모든 사람들이 말하듯이 우리가 무의식적인 불안이나 분노 혹은 욕망에 대해 말할 때, 우리가 의미하는 것 혹은 우리가 반드시 의미하게 되는 것은 어떤 관념들—일련의 생각들 혹은 시니피앙들의 연쇄—이 억압된다는 것인데, 만일 우울해진다면 앞서 말한 정동이 동반될 것이다. 정동 그 자체는 억압되지도 않고, 그 정동을 피하기 위해 억압이 일어나지도 않는다.

프로이트는 이렇게 적었다. "불안의 생성을 피하기 위해 증상들이 만들어진다고 말할 수 있을 것이다. 그러나 이것은 충분하리만큼 깊숙이 들어가지 못한다. 그 상황의 현존이 불안의 생성에 의해 신호를 보내게 되었던 그런 **위험상황**을 피하기 위해 증상들이 만들어진다고 말하는 편이 훨씬 더 솔직할 것이다"(프로이트 『표준 영역본』20: p. 129). 이 진술은 「무의식」에 나오는 초기 진술을 교정시켜 주었는데, 거기서 그는 "정동의 발달을 억제하는 것은 억압의 진정한 목적이 아니고… 그 작업은 이런 목적이 성취되지 않으면 불완전한 것이다"라고 적었다(『표준 영역본』14: p. 178). 그러나 거기에서도 그는 무의식적 정동이란 개념을 숨기지 않고 있었다. 『프로이트 전집』에 나오는 번역은 애매하지 않다.

주

5) 라깡은 *Écrits*(1966: p. 714/ trans. by B. Fink, *Écrits* 2006: p. 598)에서, 정동은 단지 변형되거나 전치될 뿐이라서, 억압이 정동에 영향을 미치는 것이 아니라 사고표상(즉 시니피앙)에 영향을 미친다는 프로이트의 입장을 강화하고 있다. 정동은 시니피앙이 아니라 신호라고 주장한다(세미나 7 『정신분석의 윤리』pp. 102-3). 역자는 『코리안 이마고』제2집에 실린 「한의 정신분석」에서 한은 정동이 아닐 수도 있음을 논의해봤다. 이청준의 「서편제」에 나오는, 한은 "한평생 살아가면서 긴긴 세월 동안 먼지처럼 쌓여 생기는 것"이라는 구절에서, 한이 시니피에로부터 떠나 혼백처럼 '떠도는 시니피앙' (signifiant flottant)이라고 생각했다.

> 우리는 '무의식'이란 용어를 우리가 억압의 작업을 취소시킬 때 축적되는 그러한 정동에 적용시킨다. 따라서… 이 [용어]의 용법은… 논리적이다. 그러나 무의식적인 정동을 무의식적인 관념에 비교하는 것은 무의식적인 관념이 억압 후에도 무의식체계 내의 실제적인 형성물로서 계속되고 있다는 중대한 차이점을 드러내 보인다. 반면에 동일한 체계에서 무의식적인 정동에 상응하는 것은 더욱 발달하지 못하게 가로막는 잠재적인 성향일 뿐이다.(1915d: pp. 110-11)

이 말은 애매한 말투처럼 보일 수 있다. 그러나 내 의견으로 문제가 되는 것은 이렇다. 의식적이든 아니든 그 여부의 특성이 우리의 표지 등을 나타낸다는 프로이트의 진술은 의식에 의존하는 진술이고 또한 의식적인 것이 아닌 다른 형태로는 존재할 수 없는 모체를 지닌 의식에 의존한다는 진술이다. 라파포르트(1953)가 노력했던 그러한 정동의 점진적인 구조화에 대해(p. 493), 정동에 대한 방어(p. 491)와 무의식적인 정동(p. 496)의 점진적인 구조화에 대해 그 모습을 그려 보려는 시험적인 시도로 인하여, 또한 일반적으로 오직 무의식적인 잠재적 성향에 대한 프로이트의 조심스러운 진술을 '넘어서는 것'으로 정동의 구조적인 견해를 제시해 보려는 시험적인 시도로 인하여 슈르(Schur 1953)는 잘못된 길을 걸어가게 되었다(스미스 1970). 그것은 그린이 억압할 수 있는 시니피앙들로서의 정동이란 개념과 함께 그 자신의 것을 발견하게 되었던 길이다.[6]

그렇다면 적어도 간혹은 쾌락원칙이 작동된다는 의식적인 표시로

주

6) André Green의 논문 'The logic of Lacan's objet (*a*) and Freudian theory: convergences and questions가운데 '욕동의 표상체와 정동 간의 구분문제'(pp. 179-182)에서, 프로이트는 표상체와 정동의 구분에 있어 애매하고 욕동과 표상체가 흔히 혼동된다고 주장한다. 그러나 프로이트는 마지막 저술에서 점차 그 구분을 정립해가고 강조한다고 말하면서, "정동은 시니피앙의 위상을 지니게 된다"는 것이다. 특히 An *Outline of*

서의 정동이 "가장 중요한 단서로서 사유과정을 제공하게 된다"(프로이트 1900a: p. 536; 『표준 영역본』5: p. 602 참조)는 것은 어찌 된 일인가?

항상 의식적인 새로운(de novo) 반응으로서의 정동이 『금지, 증상 및 불안』(1926)을 쓰던 시절부터 유지해온 정동에 관한 프로이트의 견해와 일치하는 정동의 구조적인 견해라고 나는 주장해 왔다(1970). 정동을 구조로 받아들이거나 혹은 구조화될 수 있기 때문에 무의식적인 존재가 가능한 것으로 보는 라파포르트와 슈르와 그린의 오류를 피하게 해주는 것이 정동의 구조적인 견해이다. (정동을 오로지 의식적인 것으로 보는 유사한 견해에 대해서는 라깡 1978a: p. 217; 1978b: pp. 78-79; 뮬러 및 리처드슨 1982: p. 139 참조하시오.) 새로운 것(de novo)이란 말은 '억압에서의 새로운 것(de novo)' 이란 의미를 지니지 않은 것 같은데, 그것('억압에서의 새로운 것' : 역자)은 프로이트가 불안을 억압되어 왔던 리비도의 전환(conversion)에서 야기되는 것으로 간주했을 때 채용한 초기의 용어이다. '새로운 것'은 단지 기억과 예기로 조건화된 내부적인 사건과 외부적인 사건에 대한 의식적이면서 즉각적인 반응을 의미할 뿐이다. 다시 말해서, 자신의 기억과 예기와 사유가 더욱 복잡하고 미묘해질수록 자신의 정동적인 반응들도 더욱 더 복잡하고 미묘해질 것이다.

주

*Psychoanalysis*의 제8장에서 부인(Verleugnung)의 개념을 정립시키면서, 지각은 부인의 지배권에 들어가고 정동은 억압의 지배권에 들어간다는 가설이 발전된다는 것이다. 따라서 그린은 시니피앙이 억압될 운명이라면 정동도 동일한 범주에 속한다는 결론을 내린다. 이어서 그린은 정동이 'a signal(signifier, for us)'라고 말한다. Roberto Harari는 *Lacan's Seminar on "Anxiety". An Introduction*(2001, Other)의 시작부터(pp. 2-3) 라깡이 정동의 위상을 옆으로 밀쳐놨다고 주장하는 비판자들 가운데 Green이 가장 유명하다고 말한다.

정동적인 인식

내부세계와 외부세계에서 진행 중인 무의식적 주사라는 생각으로 되돌아가 보자. '거시기'가 읽는다[7] (라깡 *Séminaire XX Encore*, 1975: p. 38; 펠만 1987: p. 22에 재인용)는 것을 상기해 보고 또한 라깡한테서 '거시기'는 대타자이며[8] 언어의 무의식적인 법칙들의 덕분에 읽는 것임을 상기해 보라. 대타자의 담론이라는 라깡의 무의식 개념(1977a: p. 312)을 결코 뒤집을 수 없으리라는 것은 독해가 무의식적 자아에 의하여 쾌락원칙에 따른다는 것과 똑같이 타당한 표현이 된다고 나는 믿는데, 여기서 쾌락원칙이라는 것은 우세한 불균형으로부터 대상에게로 향하는 원초적으로 육중하게 움직이는 방식에서 뿐만 아니라 피해왔던 모든 것을 되찾으려는 동기가 부여되는 불균형의 부차적인 중심들을 철저하게 규명해가는 방식에서도 작용한다. 그러

주

7) 이 부분은 라깡의 스무 번째 세미나인 *Encore*(1975: p. 38)에서 인용된 것이다. "Dans votre discours analytique, le sujet de l'inconscient, vous le supposez savoir lire. Et ça n'est rien d'autre, votre histoire de l'inconscient. Non seulement vous le supposez savoir lire, mais vous le supposez pouvoir apprendre à lire."(여러분의 분석담론에서, 여러분은 무의식의 주체가 읽을 줄 안다고 가정한다. 또한 무의식의 이러한 일은 그것 이외에 다른 것이 아니다. 여러분은 그것이 읽을 줄 안다고 가정할 뿐만 아니라 그것이 읽는 방법을 배울 수 있다고 가정하기도 한다.) 여기서 ça를 '그것'이라 번역했지만, ça는 Groddeck의 das Es로서 이것이 표준영역본에서는 id로 번역되었다. 영어의 'it'와 구분하기 위해 저자도 'It'라고 쓰고 있는데, 우리말에서 "사람이나 사물의 이름이 얼른 떠오르지 않을 때 그 대신 하는 말"이라 정의된 '거시기'를 사용해본 것이다.

8) '거시기'가 대타자라는 것은 사고의 비약인 것 같다. 라깡은 이드를 언어의 무의식적 근원으로 생각하고 상상적인 자아를 넘어선 상징적인 '거시기'라고 여긴다. 이드의 상징적인 특성은 라깡이 '주체'라는 용어와 동일한 것으로 간주하는데, 독일어 Es는 주체를 나타내는 라깡의 상징인 S와 그 발음이 같다. L도식에서 주체로부터 대타자에게로 직접 가지 못하고 자아(*a*)나 빼쏜꼴(*a'*)를 경유해야 한다. 대타자는 근본적인 타자성과 동화될 수 없는 특이성에 있어서 '또 다른 주체'가 될 수 있는데, 그 의미는 '상징계로서의 대타자'의 의미에 비해서 부차적이다. 대타자는 말이 구성되는 장소로 생각되어야 하기 때문에 주체가 그 위치를 차지하고 다른 주체를 위해 대타자를 구현할 수 있다.

나 '대타자' 대 '무의식적인 자아'라는 두 개념들 가운데 하나 혹은 양쪽 모두가 정동의 의미화 역할을 분명하게 밝히는 데에 편리할 수 있는지 단순히 그와 같은 질문에 주목하는 것을 넘어서 그 두 개념들의 차이점에 관여되지 말자.

그 **어떤** 의식적인 반응도 불러일으키는 진행 중인 주사에서 모든 단계는 의식적인 정동반응에 의해 표시될 수 있다. 따라서 내부세계와 외부세계에 대한 자신의 의식적인 기본조율은 정동에 의해 중재되고 자신의 지배적인 기분으로 살아남는다. 그러나 만일 정동이 고립되어 존재하고 그 무엇에 **대한** 주체의 반응이기 때문에 어쨌든 불가능해진다면, 아무런 조율도 없게 될 것이다. 이것이 바로 라깡이 정동에 대해 소홀했던 한 가지 이유로 간주될 수 있다.[9] 관념작용이나 사유에 대한 정동적인 문맥, 즉 시니피앙이나 의미화 연쇄를 제외하면 의식적인 반응으로서의 정동은 결코 일어나지 않는다. 정동이라는 반응을 일으키는 것은 시니피앙들의 연쇄라는 험로를 통과해야 드러날 수 있을 뿐이다. 반응을 일으키는 것은 억압된 채로 남아있는 억압된 시니피앙일 수 있다. 그러나 피억압물을 표상하는 **어떤** 의식적인 시니피앙들은 정동적인 반응의 문맥 내에 나타날 것이다. 아마도 나타나는 시니피앙들의 연쇄는 억압된 채로 남아있던 것들을 부정하게 될 것이다. 그럴 경우에 무의식적인 주사가 일별했던 것에 대한 그러한 정동반응은 문맥을 이루는 것의 부정하고 있는 의식적인 시니피앙들보다

주

9) 아르헨티나의 분석가인 Roberto Harari가 라깡의 열 번째 세미나인 *L'Angoisse*에 대해 1987년에 강의했던 280쪽에 해당하는 강의록이 영어로 번역되어 *Lacan's Seminar on "Anxiety". An Introduction*으로 출간되었다(2001, Other). 영문판에 54쪽이나 되는 서문을 쓴 Charles Shepherdson은, 하라리가 이 책에서 "영어권의 수많은 독자들이 라깡의 작업에는 존재하지 않는다고 말해왔던 '감정'과 '정동'이란 개념과 마음속으로 자상하게 식별하게 된다"고 말한다. 오히려 라깡은 불안의 개념을 이용하여 불안의 두 가지 변형들인 '행동화'와 '행위로의 이행'을 분명하고도 유용하게 구별하고 또한 욕망과 향락을 구분하고 있다(p. xiii).

훨씬 더 진실하다고 말할 수 있다. 그런 의미에서 정동적인 인식이 의식적인 사유의 인식을 능가한다는 말에 정당성이 들어있을 것 같다. **"관념작용적인 자료는 전치와 치환을 겪어 왔는데, 그 반면에 정동은 변하지 않은 채로 남아있다.** 꿈-왜곡에 의해 변해버린 관념작용적인 자료가 수정되지 않은 채로 보존되는 정동과 더 이상 일치하지 않는다는 것은 조금 이상한 일이다"(프로이트 『표준 영역본』5: pp. 460-61).

동일한 원칙이 관념의 원래 형태와 욕동의 표상체인 정동에서도 통용되고 있다. 정동은 욕동의 근원이 되는 불균형이나 불안정에 대해 '진실하다.' 충족의 이미지로서의 관념은 결여를 감추거나 속인다고 말할 수 있으며, 아니면 적어도 오직 그것을 부정하는 방식으로 그것을 긍정하게 된다고 말할 수 있다.

물론 '정동적인 인식'은 역시 그 어떤 실재적인 인식에 대해 이야기하는 신속한 방법도 되는데, 그런 인식은 지성화되고 비교적 무감동하며 강박적인 어떤 시니피앙들의 연쇄에 대조된다. '정동적인 인식'은 그래도 생생한 정동반응의 한 사례를 참조하여 사용되고 그에 동반된 의식적인 시니피앙들의 연쇄가 부정하는 무의식적인 경향에 대해 진실할 때, 구조화되어 있고 시니피앙의 연결 속으로 들어가는 인식, 즉 충분한 인식으로 이끌어갈 기회를 갖는 인식은 부정에 의한 인식이다. 나는 이것 때문에 라깡이 시니피앙에 열중하고 정동은 그 나름대로 처리되게끔 놔뒀던 핵심적인 이유라고 생각한다. 그것은 항상 그렇게 되어간다는 것을 덧붙여야 한다. 정동이 라깡의 시니피앙 이론에서 명확한 자리를 갖지 않는다고 해서 라깡이 자신의 정동반응과 피분석자의 정동반응의 단서를 따르지 않았다는 것을 의미하는 것은 아니고, 내 결론 부분에서 보여주려는 것처럼 때로는 성취된 통찰력을 의미하는 첫 번째 방법으로 그것들을 간주하지 않았다는 것을 의미하는 것도 아니다. '의미화 공시성'에 대한 라깡의 참조(1978a: p.

46)가 암시해 주는 것처럼, 의미하는 모든 것이 프로이트의 관념작용과 사유라는 의미에서 시니피앙이 되는 것은 아니다.

오로지 일차과정 기능만을 가리키는 좁은 의미에서의 쾌락원칙과 이차과정 기능의 조절방식으로서의 현실원칙은 원초적인 기능과 발전된 기능 사이의 차이점을 개념화하려는 프로이트의 노력에 대단히 중요했다. 라깡은 60년 뒤에 그 차이에 대한 강조가 특히 자아심리학에 있어 원초적인 기능과 발전된 기능에서 동일함의 요소들과의 접촉을 끊어버리게 했고 따라서 프로이트 발견의 실재적인 생명력과의 접촉도 끊어버리게 했다고 믿었다. 무의식이 언어처럼 구조화되어 있다는 논제를 정교하게 다듬는 방법에 있어 그러한 동일함을 재정립하려는 노력은 대단했다. 나는 뢰발트가 거의 동시에 동일한 작업에 헌신하는 그 나름의 전혀 다른 방법을 시작했다고 믿는다. 구조적 조건이나 발달수준에 의해 소개된 명백한 변화와는 관계없이 동일한 원칙으로서 광의의 쾌락원칙을 강조하려는 라파포르트의 노력(내가 1977년 「쾌락원칙」이란 논문에서 참조했던 것)은 라깡의 프로젝트와 뢰발트의 프로젝트의 이러한 차원과 일치한다고 나는 생각한다.

나는 앞에서 쾌락원칙을 쾌락추구라는 관념에서 분리시키려고 노력해 왔고, 쾌락원칙을 사물의 작동방식에 대한 진술이란 의미에서 보편적이고 무의식적인 조절방식으로 보여주려고 노력해 왔으며, 정동이 의식적인 자아반응에 국한된다는 프로이트의 주장을 정당화하려고 노력해 왔다. 내가 정동을 방출로 생각하지 않는 이유는 의식적인 자아반응으로서의 정동을 강조하는 일이 그의 의미화 역할을 더 잘 나타내준다고 믿기 때문이다. 비록 프로이트가 정동을 자아반응으로 언급하기보다는 차라리 경제적인 것을 지나치게 강조하고 또한 '생산적' 이거나 '재생산적' 인 정동으로 자아에 대해 이야기하게 되었을지라도, 전자(자아반응: 역자)가 『금지 증상 및 불안』의 요점과 더 잘 어울린다.

> 가정에 따라 불쾌와 불안이 오로지 카텍시스 증가의 결과로 일어날 수 있다고 본다면, 철회와 방출의 단순한 과정이 전의식적인 자아-카텍시스의 철회처럼 불쾌와 불안을 만들어낸다는 것이 경제적인 관점에서 어떻게 가능할까? 그 대답은 이런 인과론적 순서가 경제적인 관점으로 설명되어서는 안 된다는 것이다. 불안은 억압에서 새롭게 만들어지는 것이 아니다. 그것은 기존의 기억 이미지에 일치하는 정동 상태로 재생되는 것이다.(프로이트 『표준 영역본』20: p. 93)

무의식적인 위험들이나 불균형의 중심들은 무의식적인 자아의 주사가 찾아내는 무의식의 언어적 구성 덕분에 그처럼 표시되며, 무의식적인 정동의 부하에 의한 것은 아니다. 쾌락원칙은 그러한 정동에 의한다기보다는 그런 표시들에 의해 유도된다. 그런 지점들의 정립은 의식적인 구어적 사유와 말과 같은 동일한 수준에서 의식적인 정동경험에 대해 의미화 기능을 허용해 준다.

> 신호 정동은… 매우 잘 분화된… 적극적인 자아기능의 상관물이다. 따라서 조절된 자아반응으로서의 정동 신호는 예기나 소환을 기반으로 하여 혹은 [일반적으로 지각된] 상황에서 일어난다. 그러나 그것은 조절되고 있는 양적인 요인으로서의 정동이 아니다. 오히려 신호 정동반응은 여러 가지 자극에 대한 동시적인 주의집중을 가능케 하는 상황들(그리고 자아 상태들)에서 일어나는데, 그 어떤 자극도 즉각적인 반응이나 전반적인 반응을 강제로 일으키지 못한다.
>
> 끝으로, 일반적인 정동이론은 적극적인 자아기능의 정동반응을 신호 정동으로 국한시키지 않을 것이다. 정동반응의 극단적인 형태는 정동의 폭풍이나 압도적인 외상 속에서 수동적으로 일어날 뿐만 아니라 이상하게 어쩔 수 없이 발생된 사건들의 현실 속에서 적극적인 정동반응으로

도 일어난다.(스미스 1970: p. 560)

그 가운데 모두가 의식적인 정동의 의미화 역할을 사물의 작동방식에 위치시킬 수 있다고 말하는 것인데, 정동이 이미지[관념]나 사유의 연쇄 가운데 한 가지 의미로서 시니피앙이 된다는 것을 받아들이지 않으면서 그렇다. 쾌락원칙의 보편적인 법칙을 대신하여 라깡은 언어의 법칙으로 바꿨다. 그는 그렇게 함으로써 쾌락원칙에 구체화된 역동성의 의미를 약간 희생시켰지만 그런 역동성은 그가 보존시켰던 욕동과 요구 및 욕망이란 개념들 속에서 유지되고 있다. 한 가지 장점은 상위수준의 쾌락원칙 작용의 언어적인 매개물을 상세히 설명해 주는 일이다. '대타자' 라는 라깡의 다양한 용법에도 불구하고 또 다른 장점은 시배하고 있는 기관으로보다는 사물들의 작동방법에 대한 진술로 '언어의 법칙들' 이 더 잘 읽히는 그런 개념이 된다는 것이다.

자신의 주체성을 부인하거나 떠맡는, 즉 자신의 소유라고 하거나 아니라고 하는 과정에서 일어나는 일은 그 무엇이든 쾌락원칙에 의해 강요되는데, 다시 말해, 언어의 법칙에 의해 강요된다. 욕동과 역동적으로 억압된 것은 의식적인 실현을 위해 노력하게 된다. 쾌락원칙, 즉 언어의 법칙은 그러한 노력이 성취되든 아니든 그 방법을 묘사해 준다.

전이, 치료 및 치유

이 모든 것이 전이와 치료와 치유에 어떻게 적용될 수 있을까? 분석이 자신의 주체성을 떠맡는 유일한 방법은 아니기 때문에 나는 전이와 치료와 치유라는 문제에 간략히 접근해보려고 하는데, 거기서 정동의 임무적인 역할을 방어적 및 비방어적인 반복과 의례(儀禮)로 설정되는 일상생활의 거부와 소유라는 맥락에서 알아보려고 한다. 의례라는 것은 평범한 말로는 흔히 생각되지도 않고 느껴지지도 않으며 방어적으로 반복되는 수행을 의미한다. 이런 의례를 다른 각도에서 접근해보고 또한 라깡 사유의 맥락에서 접근해 보자.

평범한 독해를 무시하는 것으로 시작하려고 하는데, 라깡 사유의 핵심적인 논제는 무의식이 언어처럼 구조화되어 있다는 것으로 간주된다. 이런 논제는 핵심이 되기에 충분하지만 그런데도 쾌락원칙과 비슷하게 사물들을 작동시키는 것보다는 사물들이 작동하는 방식에 대한 설명이 된다. 나는 라깡의 핵심 논제가 헤겔이나 소쉬르 혹은 레비스트로스보다는 하이데거로부터 더 많은 것을 취해온 것으로서 언어 덕분에 그 주체가 그러한 존재에 대한 관심과 함께 형성된다고 생각하는데, 라깡은 그에 맞춰 L도식(1977a: p. 193)에서의 대문자 O를 "[주체의] 실존문제가 그에게 내보일 수 있는 위치"(1977a: p. 194)로 규정하고 있다.

어머니로부터 분리가 최초로 성취되는 데에서 상실과 그에 따른 결여가 그 뒤에 오는 모든 상실과 결여의 원형이 된다. 그러나 이 말은 모든 욕망이 다름 아닌 어릴 때 잃어버린 어머니와의 재결합에 대한 욕망이라는 것을 의미한다고 간주되어서는 안 된다. 그러한 상실은 욕망과 영원한 욕망의 대상을 통하여 구조화되고 유지되고 윤색되며 모방하게 되지만, 욕망은 불가능해진 어떤 특수한 대상을 갖기 때문에 혹은 타대상(objet *a*)이 최종적으로 무(無)이기 때문에 불멸의 것이 아니다. 욕망은 불멸의 것이고 환유적인데, 그 까닭은 그 대상이라는 것이 욕망하는 주체의 욕구와 관련된 그 어떤 특수한 소원이나 요구의 충족을 제공할 수도 있는 그런 것이 아니기 때문이다.[10] 라깡의 관

주

10) 여기서 wish와 demand, need, desiring이란 단어들이 뒤섞여 나와 라깡의 관점으로는 상당히 혼란스럽다.

점—또한 그에 따르면 스피노자의 관점—에서 욕망은 '인간의 본질'로서(1978a: pp. 107, 275) 불멸의 것인데, 그 이유는 자신의 존재와 타자들과의 존재에 대한 관심이 불멸의 것이기 때문이다. 욕망은 미래적인(futural) 것이다. 그것은 그 어떤 욕구나 소원의 충족도 넘어서는 것이다.

나는 욕망의 개념이 프로이트의 욕동개념에 접근하는 것으로 주장해 왔는데, 예를 들면, "욕망의 대상은 욕망의 원인이고, 욕망의 원인이 되는 이 대상은 욕동의 대상이다"(라깡 1978a: p. 243).[11] 그와 비슷하게, 타대상이 욕망의 최종적인 원인이라고 말하는 것은 라파포르트의 강조점과 비슷해지는데, 그는 그 대상이 심신의 접경에서 심리적인 쪽에만 당연히 근접해 있는 것으로 간주된 욕동으로서 그런 욕동의 명확한 특징이 된다고 강조한 바 있다.

최초의 원초적인 상실—욕동의 중심적인 근원으로서의 심리적인 불균형으로부터 부재하는 대상의 이미지로의 방향전환—에서, **상실된** 주체를 위해 구성되는 것이 **상실된** 대상이다. 그와 비슷하게 언어의

주

11) 라깡의 열한 번째 세미나인 「정신분석의 네 가지 기본개념」 가운데, 1964년 6월 10일에 강의된 제18장 「알 것으로 가정된 주체에 관하여」의 마지막 문단에 나오는 이 부분을 영문 그대로 옮겨보려고 한다. 'You see, the object of desire is the cause of the desire, and this object that is the cause of desire is the object of drive-that is to say, the object around which the drive turns.' 여기서 욕동의 대상은 "즉 욕동이 맴돌고 있는 대상이다"가 생략되어 있음을 알 수 있다. 굳이 생략된 문장을 덧붙이는 이유는 욕망의 대상을 곧바로 욕동의 대상으로 오해할까봐 그렇다. 모든 욕동이 욕망과 밀접하게 관련되어 있지만, 욕동은 단순히 욕망에 대한 다른 이름이 아니다. 욕망은 하나이고 나누어지지 않는 반면에 욕동은 욕망의 부분적인 발현이다. 이처럼 욕동과 욕망을 구별하는 일은 라깡 정신분석에서 매우 중요하다. 욕동들은 욕망이라 부르는 단일한 힘의 부분적인 특별한 표출이다. 욕망의 대상은 타대상 하나뿐이지만 욕동은 다양한 부분대상들에 의해 여러 가지 부분욕동들로 표현된다. 라깡은 욕동의 목적(Triebziel)이 한 가지 목표에 도달하는 것이 아니라 그것의 목적을 따르는 것, 즉 대상의 주위를 맴도는 것이라고 주장한다(p. 168). 따라서 욕동의 실제 목적은 완전한 만족이라는 어떤 신화적 목표가 아니라 그것의 순환도로로 되돌아가는 것이고, 즐거움의 실제 원천은 이 폐쇄회로에서의 반복적인 움직임이 된다.

세계로 태어나는 나중의 단계에서, "그것의 반복적인 본질이 설명해주는 개시의 힘을 [포르트-다(fort-da) 게임이] 이끌어내는 것은 포르트(fort)와 다(da)의 단순한 대조로부터 나오는 것이 아니다. 그것이 단지 통달의 기능에서 그 자신을 마련해내는 주체의 문제라고 말하는 것은 바보스런 일이다. 그 두 가지 음소들에서 바로 소외의 기제들이 구체화되는데, 역설적으로 보일지 모르지만, 그 기제들은 포르트의 수준에서 표현되고 있다"(라깡 1978a: p. 239).

주체가 결국 그 자신을 언어의 주체로 인식할 수 있게 되는 곳은 결여와 소외의 지점이다. 그러나 그 자신의 이미지 덕분에 또한 광의의 언어 덕분에 구성되는 최초의 단계에서도 상실된 (전)주체는 상실된 (전)대상을 되찾게 되는데, (전)주체 또한 처음에는 (전)주체의 이미지에 의해 구성되는 것이지 알려지지 않고 동화될 수 없는 어머니다움에 의해 구성되는 것은 아니다. 더구나 그것들이 언어적으로 구성되는 것 때문에 되찾아진 상실된 어머니는 결코 동일한 사람이 아니고 그녀를 찾고 있는 주체도 아니다. 우리는 대상과 주체 둘 모두의 어떤 비방어적인 항구성의 정립을 위해 충분하리만큼의 동일함이 있다고 말할 수 있다. 또한 차이점의 억압과 부인에 의거하는 통일체에 대한 과도한 주장의 형태로 꼭 필요한 방어적 보유양식도 당연히 존재하게 되는데, 그 차이는 되찾아진 어머니와 그녀의 이전 모습 사이의 차이점이고 주체와 그 자체 사이의 차이점이며 또한 당분간이지만 (전)주체와 (전)대상 사이의 차이점이기도 하다. 그러한 방어적 함정에서 빠져나오는 길은 비방어적인 동일함에 의해 제공되기도 하고 또한 억압이나 부인을 요청하는 위협이라기보다는 오히려 차이가 흥미와 관심을 불러일으키는 비강제적인 시기에 의해서도 제공된다.

라깡은 이렇게 적었다. "주체와 타대상 간의 상호관계는… 총체적인 것이다"(1975: p. 114). 그 대상은 욕동의 명확한 특징이 된다. 관련존재(being-with)는 존재의 명확한 특징이다. 나는 타대상을 이런 명확한 특징들의 진술로 생각한다. 타대상은 그 어떤 대상을 가리키기보다는 차라리 언어적으로 구성된 그 대상의 타자성/상실성을 가리키고 따라서 주체 속에 있는 중심적인 결여를 가리킨다. 이런 중심적인 결여를 상징화하게 되는 그 어떤 대상 혹은 주체의 분리 가능한 측면은 타대상의 자리에 놓여 있고 타대상으로 작용할 수 있다(1978a: pp. 77, 103-04).

충족의 이미지가 원래 욕동을 나타내고 따라서 결여를 나타내는 것과 똑같이 타대상으로 작용하는 것은 '주체의 최초의 분할에 의해 구성된 틈새' (라깡 1978a: p. 270)를 채워준다는 착각적인 약속에 의해 결여를 상징화하게 된다.

그러나 그것은 결코 그렇지 않다. 충족의 약속이 영원히 연기되었듯이 그것은 영원히 존재하는 중심적인 결여를 가리키며, 또한 바로 그 "결여의 지점에서 주체는 그 자신을 인식할 수밖에 없다"(라깡 1978a: p. 270). 따라서 "주체가 그 자신을 분리시켜 놓는 것은 타대상의 기능을 통해서 이뤄진다"(라깡 1978a: p. 258).

타대상은 욕망의 타자(l' autre)이다. 욕망이 차이의 상호작용과 반복에서 소원/요구로부터 분화되듯이 그것은 욕망의 타자이면서 원인이 되는데, 그 차이를 통하여 언어적으로 구성된 주체와 타자의 타자성은 존재하게 된다.

그 어느 누가 행하거나 생각하거나 느끼는 것은 그 무엇이든 자신의 존재와 관련존재에 대한 관심의 표현이 된다. 어느 한 순간의 욕망과 다른 순간의 불안은 존재의 결여와 타자의 결여로부터 야기된다. 나는 앞에서 부인의 후기 방식으로부터 추론하여 주체가 자신의 분리된 주체성의 첫 번째 시니피앙과 마주칠 때 그 시니피앙—주체성이 수반하게 되는 상실과 결여, 한계 및 죽음의 선구자로서—은 억압된다고 암시해 왔다. 그것은 위험으로서 회피되지만, 그것은 마주치도록 할뿐만 아니라 수수께끼처럼 기괴하게도 떠맡도록 명령하는 중심적이고 특수한 위험이다. 그렇다면 인생에서의 모든 것은 이런 핵심적이면서 기초적인 조우의 반복이 된다. 모든 움직임은 한 가지 차원에서 이러한 시초의 사건에 대한 지향이나 회피 가운데 하나의 반복이 되는데, 라깡은 그 사건을 "X로서의 주체가 오로지 원억압(Urverdrängung)으로부터, 즉 이런 첫 번째 시니피앙의 필연적인 추락으로부터 구성될 수 있는 그 시기의 논리적인 필연성"에 의해 논의했던 '환원 불가능하고', '무의미하며', '원래부터 억압된 시니피앙'으로 보았다(라깡 1978a: p. 251).

자신의 주체성과 그러한 주체성의 표시가 되는 존재의 결여를 멀리하거나 파괴시키려는 동기는 방어적인 반복과 반복강박으로 실현된다. 그것이 부정적 치료반응과 자살의 핵심적 역동이다. 자신의 주체성을 지향하고 떠맡으려는 동기는 비방어적인 반복으로, 즉 익명의(前종교적인) 키르케고르(Kierkegaard, 1941: pp. 8, 33, 90)가 '…를 향한 반복'이라 불렀던 것으로 실현된다. 만일 자신의 주체성을 지향하고 떠맡으려는 동기가 지배적이면, 그러한 성취에 대한 (항상 점근적인) 접근방법은 어떤 수준에서는 찬양되고 신성해진 그런 의례로 실현될 수도 있다. 그렇다면 그만큼 성취될 정도로 의례의 반복이 공유되고 공공연하게 시인되며 신성하거나 세속적인 그런 경우들뿐만 아니라 인생의 모든 것까지도 감사와 축하로서의 의례 반복의 차원으로 가득 차게 된다.

훈습[12] 은 피분석자가 지닌 모든 특징적인 방향전환의 훈습이다. 그러한 방향전환은 자신의 주체성의 가정에 대해 관념적으로 한 마디의 말도 없이 전이에서 반복된다. 이러한 핵심적인 관심에 대해 직접적으로 언급하는 것은 거친 분석이 될 것이며, 실제적인 작업을 회피하려는 노력이고 피분석자의 방어적인 소원과 결탁하여 상상적인 완전함으로 건너뛰려는 노력이 될 것이다. 그 대신에 작업의 결과들이 피분석자의 특수한 시니피앙에 의해서 또한 제 시간에 그 나름의 방향으로 기꺼이 진행시킬 수 있는 분석가는 핵심적인 문제에 대하여 입을 다물고서 그 날의 애매한 말 속에 함축되어 있는 억압된 위험과 부정된 욕망에 영향을 주기 위해 어떤 작은 빛을 가져오는 일상적인 작업을 수행하고 있다.

그러한 작업의 결실은 항상 혹은 전형적으로 그 자체를 극적인 방식으로 알려주는 것이 아니다. 그것의 그런 모습이 부분적으로는 치유의 매우 명백한 인정에 대한 분석가의 욕망의 기능이 될 수 있는지 그 여부에 대해 의심할 수도 있다. 그러나 그 이유가 무엇이든 그것은 때때로 그처럼 나타나고, 그런 모습들이 다른 치유에서 그 장면 뒤에 일어났던 일을 밝혀줄 수도 있다. 어떤 수준에서는 극적으로 드러나든 아니든 분석작업의 결과라는 것이 마침내 피분석자가 대면하게 되는 것인데… 그것이 무엇일까? 무(無)와 대면하는 것일까? 상실과 결여 그리고 한계와의 대면일까? 자신의 주체성의 원래부터 억압된 시니피앙일까? "이제 내가 무(無)라는 것… 내가 한 인간이 된다는 것인가"[13] 라는 질문과 대면하는 것일까?

주

12) 훈습(薰習 working through)은 원래 "불법을 들어서 마음을 닦아 나간다"는 뜻의 불교용어이다. 아마도 染法훈습과 正法훈습 가운데 정법훈습의 의미를 취하는 것 같다. 프랑스에서도 perlaboration이란 신조어를 사용하든가 영어 그대로 사용할 만큼 working through의 의미를 제대로 규정하기가 어려운 것 같다. J. Laplanche와 J.-B. Pontalis의 *Vocabulaire de psychanalyse*에서는 "해석을 심어주어 저항을 극복하는 과정"을 말한다. 억압된 요소를 인정하고 반복기제로부터 벗어나게 하는 일종의 정신작업이다. 특히 저항이 해석되었음에도 불구하고 지속되어 진전이 중단되어 있을 때 이 작업을 필요로 한다. 해석에 의해 수정된 반복을 말한다. 멜라니 클라인은 훈습에서 분석가의 역할을 강조한다. 피분석자가 어떤 단계에서 통찰을 얻고도 그 다음 시간에 그 통찰을 잊어버리는 것 같기 때문에 이런 훈습이 필요하다는 것이다.

그 어떤 정동반응도 그 문맥을 이루는 **어떤** 시니피앙과는 상관없이 존재하지 않는다고 나는 주장해 왔다. 그러나 이 말은 정동반응의 양극단에 사실상 의식적인 시니피앙들이 없는 것처럼 보인다는 바로 그 통찰의 순간들로 생각될 수 있을 뿐인 강제적인 순간들의 존재를 배제시키지 못한다는 뜻이다. 무시무시하거나 두렵거나 감사한 마음(단지 분석가에 대한 감사가 아닐지라도)이든 혹은 이름을 붙일 수 없는 정동이든, 그러한 순간은 내가 자신의 주체성의 원래부터 억압된 시니피앙과 직면하는 것의 정동적인 등가물이라 불러왔던 그런 것일 수도 있다.

주

13) 「콜로너스에서의 외디푸스」에 대한 라깡의 독해에서(*Séminaire II*, 1978, 펠만 1987: p. 132에서 인용됨).(저자) 이해를 돕기 위해 펠만의 *Jacques Lacan and the Adventure of Insight*, 132쪽을 원문 그대로 옮겨보면 다음과 같다. 'It is only in the sequel that the true assumption of his destiny by Oedipus takes place. In *Oedipus at Colonus*, Oedipus says the following setence: "Is it now that I am nothing that I am made to be a man?" This is the end of Oedipus' psychoanalysis–Oedipus' psychoanalysis ends only at Colonus… This is the essential moment which gives its whole meaning to his history(S II. 250)'.

제6장

개인적 선사시대의 아버지와 분석가의 이상들

여기서의 내 목표는 발달과정 중에 있는 방어적 및 비방어적 동일시의 위치를 정신분석가들이 정신분석의 특별한 영웅들이나 개념들에 충성하는 방식을 이해하는 데 있어 그 기본으로 생각한다는 것이다. 자신의 영웅들이 어떻게 설정되는가? 또한 그러한 영웅들 그리고 그들과 관련된 일련의 개념들이 자신의 일상적인 작업을 어떻게 유지시켜 줄까? 끝으로 나는 방어적 및 비방어적 충성방식의 개념화를 시도하게 되는데, 선조에 대한 능가를 금지하는 충성심에 의해 또한 정확히 그러한 혁신과 성장을 꾀하는 충성심에 의해 개념화하게 될 것이다. 비방어적인 정통성을 밝혀내려고 노력하는 데 있어, 정통적인(orthodox)의 'ortho'가 희랍어 '올바른'(ortho)에서 나온 것으로서 성장하고 기어오르고 따라서 높은 곳에 도달하다는 뜻의 인도유럽어인 *werdh*에 그 근거를 두고 있다.

나를 이끌어가는 예감은 이렇다. 영웅들은 프로이트가 개인적 선사시대의 아버지라고 이름 붙인 것(『표준 영역본』 19: p. 31) 덕분에 확립된 초창기 믿음의 타당성을 예증해 준다. 제3장에서 언급된 바와 같이, 나는 이 믿음을 유아가 어머니와의 이자관계에서 발전시킨 것과는 다른 영역에 속해있는 것으로 생각한다. 비방어적으로 설정된 영웅들은 믿음의 대상들이 되지 않는다고 나는 주장할 것이다. 그 대신에 그들은 어떤 사람의 자기와 이 세계에서 믿음의 타당성을 예증해주고 또한 그러한 믿음이 생겨날 수 있는 용기를 예증해주는 모델로 간주된다.

제3자와 부성기능

우리는 라깡이 '아버지의 이름' (프로이트의 『토템과 터부』를 통하여 유대-기독교의 유산으로부터 나온 것; 라깡 1977a: p. 199. 1978a: pp. 281-82 참조)을 부성기능의 은유로 사용하는 것을 봐왔다. 오이디푸스 위기에서 상징적인 부성기능은 결정적으로 효과적인 제3자가 되는데, 제3자는 상징적인 거세와 근친상간에 대한 법을 중재하고 이자형식의 관계로부터 해방을 중재하며, 또한 특수한 문화에서 구체화되는 상징계로의 접근을 중재하게 된다. 쇼셔나 펠만의 글에 나오는 아버지의 이름은, "라깡이 '상징계' 라고 부르는, 억압의 필연성과 욕망 대상의 상징적 치환과정 둘 모두를… 시작하면서, 첫 번째 권위적인 '안 돼' , 즉 포기하게 만드는 첫 번째 사회적인 명령"을 나타낸다 (1987: p. 104).

그러나 일반적으로 제3자는 공생적 평온함의 시기에 경험될 것 같은 하나됨과 자기-동일함을 동요시키는 그 어떤 요인으로도 간주될 수 있다. 첫 번째로 주어지거나 두 번째로 확립된 특성이나 기능 혹은 구조라면 그 어느 것이든 비방어적인 분화를 유지시키는 작용을 할 때 제3자가 된다. 비방어적인 분화는 상실과 결여 및 한계가 자기 것으로 인정되는 분화를 의미한다. '결정적으로 효과적인 제3자' 에 대해 말하는 것은 처음 시작부터 이자적이거나 상상적인 대상과의 자기-동일함이나 동일시적 동일함에 대조되는 분화 혹은 차이를 시작해 왔던 일련의 제3자들 전체를 가리키는 것이다.

첫 번째 제3자는 지연 그 자체인데, 이미지와 정동을 유발하는 욕구의 충족에서의 불가피한 지연이다. 생리적인 평형에서 유아의 자기-동일함은 좋지 못한 상태로 빠져들고, 그것을 기본으로 하여 또한 지각과 이미지, 정동, 기억 및 예기에 대한 첫 번째 주어진 능력들을 기본으로 하여 심상(imagery)은 기호적인 위상을 이루게 된다. 유아한테는 아직 알려져 있지 않더라도 이미지와 정동은 어머니의 것이고 어머니에 대한 것이며 욕구를 나타낸다. 그렇다면 지각의 동일성으로부터 사유의 동일성으로 옮겨가는 것—이미지와 지각작용 간의 차이점을 알게 되는 것—은 분화의 한 단계가 되는데, 그 분화는 지연의 제3자에 의해 시작되고 사유의 동일성이 포함된 전의식적 구성에 의해 유지된다.[1)]

분화는 우선 먼저 이자관계로 향하는 길을 마련해 준다. 어지럽혀지고 분할되고 파열되는 것은 첫 번째 자기-동일함이다. 이것은 어머니와의 이자적인 동일시적 관계형성에 대한 능력을 확립시켜 주는 일차과정 사유에서 점진적인 구성으로 이끌어간다. 관계형성이란 자기-대상의 특성으로 되어 있음이 틀림없지만 이미 주체는 분할되어 그 자체와 동일하지 않으며 그 대상은 어느 정도로는 이미 타자가 되어 있다.

개인적 선사시대의 아버지라는 프로이트의 개념과 부성기능이라는 라깡의 개념이 초기의 분화를 시작하고 유지시키는 모든 제3자들을

주

1) 지각의 동일성(identity of perception)과 사유의 동일성(identity of thought)은 이미 앞에서 언급되었듯이, 프로이트가 『꿈의 해석』 제7장에서 일차과정(직접적인 방출)과 이차과정(충족의 억제 연기 및 우회)이 각각 지향하는 것을 가리키기 위해 사용한 용어이다. 일차과정은 충족경험에서 비롯되는 대상의 이미지와 동일한 지각을 찾아내려는 것을 목표로 삼고, 이차과정에서 추구하는 것은 사유들 사이의 동일성이다. 충족경험은 지각의 동일성을 추구하는데, 최초의 환각이 지각의 동일성을 얻는 지름길이 된다. 사유의 동일성은 지각의 동일성의 변형이고 지각의 동일성을 위해 작용한다.

가리키는 것으로 나는 생각한다. 이런 요인들은 어머니와 맺는 이자적이고 동일시적이며 자기애적이고 상상적인 관계방식을 넘어선 세계를 아이에게 가리켜 준다. 이런 의미에서 개인적 선사시대의 아버지는 하나의 대상이 아니고 따라서 동일시의 대상이 아니라는 것이다.

비방어적인 분화를 시작하고 유지시켜 주는 요인들은 심상, 즉 심상의 원초적인 구성을 불러일으키고, 또한 결국엔 전의식적 구성을 불러일으키는데, 전의식적 구성은 말에 대한 인간의 타고난 능력이 발휘되게 만드는 형성단계들을 완성시켜 주는 통일체이다. 이 말은 부성기능이 말뿐만 아니라 원초적으로 이미지까지 지시하는 넓은 의미의 체계에서 언어 덕분에 그 효과를 갖는다는 뜻이다.

이드가 있었던 곳에 자아가 있게 될 것이다

나는 발달이 일련의 대이변들이라는 해롤드 블룸의 의견에 동의한다(스미스 1980b: pp. ix-xiii; Bloom, 1980: pp. 20-21). 주어졌거나 성취된 통일체의 장애에서의 각 단계는 상실과 피투성, 무(無), 불안, 거세 및 죽음과 같은 경험이 된다. 발달한다는 것은 계속되는 위험상황들과 조우하는 것인데, 사람들은 그런 위험상황으로부터 회피하려는 경향을 보인다. 그러나 복잡성을 가라앉히기 위해 회피되는 것이라면 그 무엇이든 직면하게 될 위험이나 애도하게 될 상실로 표시된다. 우리는 슬퍼하거나 직면하거나 존재할 것으로 요구되는 그런 것으로부터 스스로 분열된다.

억압되는 것은 파괴할 수 없는 불멸의 것이 되는데, 그 이유는 충족되지도 않고 포기되지도 않는 소원들이 지속되기 때문만은 아니고 또한 피억압물이 항상 의식적인 실현과 수행을 강압하는 욕동들과 관련되기 때문만도 아니다. 또한 피억압물의 불멸성에 대한 설명은 극복할 수 없는 존재의 결여에서 발생하는 욕망—자신의 존재에 대한 관심의 표현으로서의 욕망—이 되고 각각의 억압행위에 의한 자아 불균형의 부차적인 중심들의 설정이 된다. 부차적인 중심들은 또한 의식적인 실현과 수행을 강압하게 된다. 유의하든 안 하든, 자신이 도망치게 되는 그것으로 향하고 직면하도록 매 순간마다 요구된다. 프로이트의 말로는, "이드가 있었던 곳에 자아가 있게 될 것이다"(『표준 영역본』 22; p. 80).[2]

위험과 상실의 반복 그리고 자가분열되는 진행중인 대이변에도 불구하고 살아남아야 하며, 또한 그것은 당연히 어머니의 돌봄과 사랑이 갖는 속성이다. 여기서 내가 개인적 선사시대의 아버지와 관련된 믿음이라고 부르는 것은 믿음과 사랑 그리고 어릴 때의 어머니와의 동일시보다 정동적으로 더욱 중립적인 근원들에서 야기된다고 생각된다. 제아무리 커다란 대이변이고 제아무리 이해할 수 없어도 진행중인 것은 그 무엇이든 정돈되어 간다는 점진적인 실현으로부터 유래된다고 암시하게 될 것이다. 다시 말해서, 그것은 구조화되어 있고 체계적이며, 자신이 그러한 구조나 체계성 혹은 의미를 인식하기 이전에 이미 의미를 갖는다는 것이다. 무의미하고 조각나 있는 원래의 이미지—그것은 알려지게 된다—는 어머니에 관한 것이다. 그것만이 아

주

2) 'Wo Es war, soll Ich werden' 의 영문번역은 'Where id was there ego shall be' 처럼 깔끔하게 옮겨진다. 그 의미는 의식의 영역을 확대하는 것이 정신분석 치료의 임무라는 뜻이다. 수수께끼 같은 프로이트의 이 문장은 불어로 'le moi doit déloger le ça' (자아는 이드를 제거시켜야 할 것이다)와 같이 번역된다. 그러나 라깡은 이런 독해에 정면으로 반대한다. 'soll' 이란 단어를 윤리적인 명령으로 이해해야 한다고 주장한다. 다시 말해, 분석의 목표는 자아로 하여금 상징계의 자율성에 복종케 하는 것이다. 따라서 라깡은 이 문장을 이렇게 번역하길 더 좋아한다. 'Là où c' était—on dire, là où c' était … c' est mon devoir que je vienne à etre' (그것이 있었던 그곳에, 혹은 어느 누가 있었던 그곳에 … 내가 가 있어야 하는 것이 내 의무이다.) 그렇다면 분석의 종결은 자신의 존재에 대한 상징적인 결정요소의 '실존적 인식' 이 된다. 다시 말해, "너는 이것이다"라는 사실을 인식하는 것이다.

니라, 그 이미지 그리고 환유적으로 다듬어지고 은유적으로 만들어지면서 구성된 대체 이미지들의 체계는 한 세계를 열어놓게 되는데, 그 세계 안에서 그가 결국 존재할 수 있게 된다. 개인적 선사시대의 아버지라는 개념은 통일체를 분열시키는 원초적인 제3자들에게 소급적으로 귀속될 뿐만 아니라 그러한 분열의 해소에서 확립되는 언어적으로 구성되면서 정돈된 세계에도 귀속된다. 개인적 선사시대의 아버지는 이런 의미에서 그 세계의 신화적인 아버지가 된다.

이 세계는 그 체계가 작동되어 가는 바로 그 방식이다. 그 체계는 욕구와 지연 그리고 유아의 타고난 능력에 의해 작동되고 있다. 그 체계의 역동이 환기되는 첫 번째 경우는 역시 자기의 구성에서 첫 단계가 되며, 어머니와 유아가 그 안에서 각자 분리된 존재를 소유할 수 있게 되는 그 세계를 최초로 일별하는 근거가 된다. 그러나 발달과정을 통하여 자신의 실존을 구조화하는 그 체계에 대한 무의식적 지식은 항상 의식적인 지식을 능가하게 된다.

이러한 구성 단계의 체계성을 알려주는 프로이트의 개념은 가장 일반적인 의미에서 쾌락원칙의 개념이었다. 라깡은 무의식이 언어처럼 구조화되어 있음을 보여줌으로써 체계성을 알려주려고 노력했는데, 다시 말해, 서로 다른 조건하에서 의식적인 과정들과 똑같이 하나의 체계로서 언어의 규칙-지배적이거나 법률 같은 효과들에 복종되어 있는 것이다. 라깡이 그 의미를 구체화하기 위해 또한 프로이트의 텍스트에 이미 있었던 것임을 우리에게 상기시켜주기 위해 취했던 방법의 한 가지 사례는 그가 다음과 같은 프로이트의 글을 강조했던 점이다. 즉 프로이트는 그 문장에서 지각적인 흔적에 대하여, 라깡의 표현대로, '구성적인 통시성의 매우 명확해진 구조 덕분에' 동시적으로 구성되어진 것이라고 말했다. 라깡은 이렇게 물었다. "의미화하는 공시성이 아니라면…이것(동시성)은 무엇이겠는가?"(1978a: p. 46).

나는 다시금 오이디푸스 시기 이전의 분화를 부추기고 중재하는 발달요인들을 설명하기 위해 프로이트의 사유와 라깡의 사유 가운데 이런 실례들을 환기해보려고 한다. 나의 논의는 이런 요인들이 개인적 선사시대의 아버지라는 개념에 의해 소급적으로 상징화되고 있다는 것이다. 그것들은 그 어떤 사람이든 그의 선사시대에서 부성기능으로 간주되는 것이 지니고 있는 분화시키는 능력이 된다. 이 말은 모아(母兒) 간의 이자성에 간여하는 결정적으로 효과적인 제3자로서의 오이디푸스적인 아버지의 부성기능이 역시 그처럼 간여했던 전(前)오이디푸스적인 모든 요인들과 사후적으로 관련된다는 뜻이다. 초기의 지연과 같은 이러한 가장 원초적인 것은 동일시의 지점이 아니었다. 초기의 분화요인들은 경계설정의 현상들이다. 그 이후의 대상들과 맺는 관계상황은 방어적으로 내부화되거나 비방어적으로 내부화될 수 있는데, 그 이유는 내부화와 외부화가 구성되어 왔기 때문이다.

주체다움과 세계적임

어린 시절의 장애들은 개인화되는 경향을 보인다. 사람들은 죄를 암시하는 처벌로서 경험될 수 있는 우울한 존재방식에서 추론할 수 있다(스미스 1986b). 영웅적인 존재방식으로부터 그것은 장애들이 또한 이 세계에, 그 자신의 주체성에, 또한 이 세계에서 자신의 이상적인 존재방식에 호소되거나 각성되었던 방식으로 경험될 수 있다고 추론할 수 있다.

개인적 선사시대의 '아버지'는 양친의 기능이라고 프로이트는 적어

주

3) 프로이트는 "아마도 '부모들과 함께' 라고 말하는 것이 더 안전할 것 같은데… [그러나] 내 발표를 간편화하기 위해 나는 아버지와의 동일시만을 논의하게 될 것이다"(『표준 영역본』 19: p. 31; 18: pp. 105-07)(저자)

두었다.[3] 어머니는 대타자의 자리에 존재하는 첫 번째 사람이다. 최초로 결여와 한계, 유한성, 언어 및 세계를 중재하는 사람이 바로 그녀이다. 개인적 선사시대의 '아버지'와의 동일시는 이 세계에서 어머니의 비자기애적 존재방식의 시니피앙들과의 동일시로 시작된다. 그러나 아버지는 엄마/유아라는 통일체의 주된 타자로서 어머니와의 전(前)오이디푸스적 이자관계에서 공생적인 통일체를 거부하고 분리와 한계의 방어적인 부정을 거부하는 모든 요인들의 상징이 된다.

펠만의 표현으로는 첫 번째 권위적인 '안 돼'의 상징으로서 아버지,[4] 두려워지는 아버지, 법의 수여자로서의 아버지는 오이디푸스적 위기 뒤에 나타나는 초자아의 선구자가 된다. 그러나 자아이상의 선구자인 개인적 선사시대의 아버지는 두려워지는 아버지 혹은 사랑하는 아버지를 예상하게 해준다. 그는 세계 내에 존재하는 어머니의 방식에 의해 또한 아이가 그 세계로 들어오길 바라는 어머니의 소원에 의해 보이는 대로 그곳에 나타난다. 그러한 세계 및 그러한 미래의 대리자와 중재자가 되는 사람은 첫 번째 타자로서의 아버지이다.[5]

공생적인 한쌍의 타자가 됨으로써 초기의 아버지(혹은 어린 시절부터 어머니에 의해 아이에게 중재된 그 아버지—한 아버지[라깡 1977a: p. 217])는 남아든 여아든 그 아이가 향하여 갈 수 있는 그 세계 내에서 분리된 존재로의 성취를 내보이는 인물, 즉 모델이 된다. 그가 강압적인 욕구의 대상이 아니기 때문에 그의 유별난 특색과 그의

주

4) 아버지의 이름(nom du père)과 아버지의 '안 돼'(non du père)는 불어에서 nom과 non이 동음이의어가 되어 우리말로는 한자를 써서 父名과 父命으로 번역함으로써 라깡의 말장난을 모방해본 것이다.

5) 이 말은 피학증으로서의 모성을 의미하는 것도 아니고(이 다음 장을 참조), 또한 어머니와 아이에게 고난이 될지라도 신체적으로 그 장면에 있는 실제적인 아버지를 의미하는 것도 아니다. 그 본질은 그녀 자신을 그녀의 존재의 창시자로 보도록 강요되지 않으며 아이를 오로지 그녀의 존재의 연장으로 보도록 강요되지 않는 어머니이다.(저자)

타자성은 비강압적으로 평가되고 모델로 채택될 수 있다. 그는 상징적인 아버지로서 분화를 촉진시키고 유지시켜 주는 모든 요인들을 나타내게 된다. 유지시키는 명령/조절/체계화에 대한 아이의 무의식적인 정신내적 지각은 무의식적으로 아버지에게 귀속되는데, 그 아버지는 자신의 부재시에도 어머니를 유지시켜 준다. 그때 일어나고 있는 동일시라든가 모델링은 무의식적인 것이다. 의식적인 경험의 관점에서 볼 때 아이는 자신이 어떤 점에서는 부모와 비슷한 것으로 인시될 수 있는 존재임을 알게 된다. 그것이 긍정적인 인식이다.

물론 여기서 아버지에 대해 이야기되는 모든 것은 사실상 어머니에게도 똑같이 사실이다. 그녀는 비강압적인 시기에도 타자가 되고 따라서 대타자의 자리에 있게 되는 첫 번째 사람이 된다. 그러나 아이의 마음속에서 상징적인 어머니의 발전은 강압적인 욕구의 대상으로서의 어머니에 대한 기억에 의해 영향을 받는다.

궁극적으로 개인적 선사시대의 아버지로부터 또한 오이디푸스적인 아버지/초자아의 선구자로부터 유래된 상징적인 아버지는 법률과 상징적인 질서, 미래 및 세계를 나타내고, 또한 처음엔 어머니가 중재했던 세계 내에 존재하는 비자기애적 방식을 나타낸다.

상징적인 어머니는 단일성에서 그 바탕을 내보이는데, 사람들은 그것으로부터 오게 되고 욕망과 죽음 양쪽 모두에서 그것으로 되돌아간다. 한계의 도입은 부성기능에 연결되지만, 결여와 한계, 즉 욕망의 바탕이 되는 존재의 결여는 부재하는 대상인 어머니와의 관계에서 원래부터 조우하게 된다. 충분하리만큼 훌륭한(good enough) 어머니의 돌봄은 믿음이 충분히 스며들게끔 하기 위해 그 아이에게로 되돌아가는 것이다. 그러나 더욱 중요한 일은 내부에 새겨진 극복할 수 없을 상실과 분할과 결여에 대한 아이의 최종적인 확인을 촉진하고 유지시켜 주는 것과 같은 방법으로서 되돌아가는 것이다. 그러한 확인은 믿을만한 가치가 있는 이 세계를 중재하는 과정에서 어머니가 자신에게 믿음이 스며들도록 하는 곳에서 일어나게 된다.

상징화된 어머니는 부재하는 어머니이다. 이미지, 시니피앙, 즉 시니피앙들의 연쇄로서 열어주는 세계는 결여를 채우려는 노력으로 시작된다. 그러나 언어와 부성기능 덕분에 이런 노력은 타고난 결여가 드러나고 확인되어 소유될 수 있는 그런 세계에서 그 절정에 달한다. 결여의 부정으로서 어머니와의 관계상황을 내재화하려는 최초의 경향은 전(前)오이디푸스적인 어머니와 맺는 이자관계 양식과 그 이후의 모든 방어적인 동일시를 모델로 삼는다.

위험과 결여, 상실 및 한계로 향하고 직면할 수 있는 능력은 아버지의 이름(父名: 역자)에 대한 복종에 달려 있다. 그러나 그것은 어머니와 아버지 둘 모두에 의해 중재된 부명과의 비방어적인 동일시도 되는 그런 종류의 복종이다. 개인적 선사시대의 아버지와 맺는 '무대상(無對象 objectless)' 의 동일시는 대타자의 자리에서 양친 부모—상징적 질서의 중재자로서의 양친 부모—에 의해 구조화되고 인식되고 동일시되는 주체성의 인식과 확인을 향한 첫 단계가 된다. 내가 이해한 대로, 상징적인 동일시는 어떤 특별한 특이질적 특색의 내재화와는 아무런 관계도 없다.[6] 그 대신에 그것은 그가 다른 모든 사람들과 닮아 있

주

6) 프로이트는 동일시라는 용어로 다른 주체의 속성을 자신의 것으로 채택하는 과정을 가리킨다. 그러나 라깡은 이미지의 역할에 강조점을 두고서 "어떤 이미지를 상정할 때 주체 내에서 일어나는 변형"으로 정의한다. '상상적 동일시' 는 거울단계에서 자아를 '자신의 경쟁자로서의 주체를 구조화하는' 것이라 하여 공격성과 소외에 관련시킨다. 거울단계는 이런 '일차성 동일시' 를 구성하여 '이상적 자아' 를 낳는다. '상징적 동일시' 는 '자아 이상' 을 형성시키는 오이디푸스 콤플렉스의 말기단계에서 벌어지는 아버지와의 동일시이다. 이런 '이차성 동일시' 를 통하여 공격성을 초월하게 된다. 그렇다고 하더라도 상징적 동일시는 여전히 일차성 동일시에 기초하여 모든 동일시가 상상계와 함께 하는 것으로 본다. 다만 이차성 동일시를 '상징적' 이라 부르는 이유는 주체가 상징계로 진입하는 것을 완결해주기 때문이다. 그 이후(1961년)로 라깡은 상징적 동일시를 '시니피앙과의 동일시' 로 기술하게 된다.

다는 동일한 의미에서 자신의 부모와 닮아 있다는 인식이다. 그는 인간이 된다는 것이 무엇인지 그런 현재 상태를 그들과 함께 공유한다. 이것은 남아와 여아 모두에게 최종적으로 유효한 동일시로서, 즉 성취된 상징적 거세[7]를 의미하는 동일시로서 오이디푸스시기에 일어나게 된다. 그것은 부명과의 초기 동일시의 요점반복이며, 인정하고 인정을 받는다는 의미에서 인정의 내재화이다.

오이디푸스 위기의 해소에서 이러한 '동일시'의 차원은 본질적인 것이고 또한 본질적으로 남아와 여아 모두에게 동일하다고 나는 믿는다. 두 번째의 친절한 작업처럼 그것은 가장 어린 시절에서 개인적 선사시대의 아버지와의 비강압적이고 따라서 비자기애적인(즉 분리를 부정해야 할 필연성에 의해 그 동기가 주어지지 않는) '동일시'의 반복이자 결과이다. 만일 그러한 초기의 동일시가 진정으로 전이 이외의 다른 동일시가 될 수 없다면, 크리스테바의 주장(1987a: p. 25, 1987b: p. 27)처럼 그것의 오이디푸스적인 반복은 전이의 해소와 닮은 어떤 것이 될 것이다. 우리는 프로이트의 말을 다시금 상기해 볼 수 있다. "포기된 대상-카텍시스의 영향에 저항할 수 있는 그 인물의 후기 능력이 그 무엇으로 드러나든, 가장 어린 시절에 형성된 첫 번째 동일시의 효과는 일반적이고 영구적인 것이 될 것이다"(『표준 영역본』 18: p. 105).

내 자신의 의견을 요약해보면, 개인적 선사시대의 아버지와의 동일

주

7) 라깡은 '대상의 결여'를 세 가지 형태로 나눠서 이해하고 있다. '좌절'은 실재적 대상의 상상적 결여이고, '박탈'은 상징적 대상의 실재적 결여이며, '거세'는 상상적 대상의 상징적 결여로 정의한다. 따라서 거세는 실제적인 기관인 '음경'에 관련되는 것이 아니라 상상적인 '남근'에 관계된다. 거세 콤플렉스도 단지 생물학이나 해부학의 차원을 넘어선 것이어서 "그것은 어떤 생물학적 소여로의 환원으로도 해결될 수 없다"는 것이다. 주체의 거세는 상상적 대상에 관계하는 상징적 행위로서 고유한 의미의 거세이다. 오이디푸스 콤플렉스의 세 번째 시기에서 주체의 거세는 어머니를 위해 남근이고자 하는 시도에서의 '이다'라는 동사를 부정하는 것이다. 모든 정신병리적 구조들의 근원에 있는 것은 거세의 거부이다.

시가 동일시 혹은 전이가 되는 정도로 그것은 상상적인 것, 즉 아버지의 이미지와의 동일시 혹은 아버지의 이미지에 대한 전이이다. 그것이 유지하는 질서/조절/체계화의 인식이 될 정도로 그것은 인정이 되고 상징적인 아버지, 즉 상징적인 질서에 의해 인정되는 존재가 된다.

만일 내가 여기서 기록했던 모든 것이 개인적 선사시대의 아버지의 어떤 의미에 속성을 부여해주는 경향을 보인다면, 따라서 만일 그것이 신화 그 자체가 아니라면, 그것은 신화가 만들어지는 자료가 될 것이다. 나는 그것이 전자가 아니라 후자라고 믿을 만한 이유들을 제시하려고 시도해왔는데, 프로이트가 개인적 선사시대의 아버지와의 동일시라고 불렀던 것을 구성해주는 그러한 비강압적인 상호작용이 실제로 일어나고 있음을 의미한다. 라깡이 이러한 첫 번째 형태의 동일시를 '분명히 신화적인 단계'라고 이야기했을 때, 수립된 인정과 같은 초기의 '동일시'가 일어날 수 있다는 불신을 가리키고 있었다. 그는 개인적 선사시대의 아버지를 대신하여 '유일한 자획'(einziger Zug), 첫 번째 시니피앙, 즉 언어로의 통과를 사용했는데, 그는 그것을 "대타자에 대한 주체의 관계가 존재하는 수준에서" 욕망의 영역에 위치시켰다(라깡 1978a: p. 256).[8]

이 책의 모든 내용은 분명히 서로 경쟁하는 이러한 해석들이 모순

주

8) 제3장 11번째 각주에서 이미 설명된 것임. 프로이트는 세 가지 유형의 동일시 가운데 애정대상과의 동일시와 경쟁자와의 동일시에 대해 말하는데, 주체는 동일시하는 사람이 앓고 있는 증상과 동일한 증상을 발전시킴으로써 동일시를 표현하게 된다. 이 경우에 동일시는 부분적이고 극단적으로 제한된 것이며, 대상이 된 사람으로부터 유일한 자획(字劃: nur einen einzigen Zug)만을 빌려올 따름이다. 이 '유일한 자획'은 라깡의 용어로는 trait unaire인데, 영어로는 single-stroke, unbroken line, unitary trait로 번역된다. 라깡은 자아이상을 만들기 위해 함입된 원초적인 상징적 용어로 받아들이고 있다. 이 자획은 어떤 의미화 체계에 합병될 때 시니피앙이 된다. 라깡은 『정신분석의 네 가지 기본개념』이란 세미나에서 유일한 자획을 제1의 시니피앙(S1)과 연결시키면서 원시인들이 사냥한 동물 한 마리를 의미하기 위해 표시하는 눈금에 비유한다(pp. 141, 256).

되지 않다는 것을 보여주기 위한 노력으로 간주될 수 있다. 말은 분리를 알려주는데, 그것은 아버지가 처음부터 표상해왔던 타자성이다. 첫 번째 흔적들과 이미지들에 이르는 넓은 의미에서의 언어는 성취시킨 분리의 기호이면서 동시에 수단이 된다. 언어의 법률 같은 효과는 소급적으로 개인적 선사시대의 아버지와 동일함을 인정하게 되는데, 그 아버지는 이미 그 자신의 미래의 아버지이고 말(word)의 아버지, 즉 그 말의 아버지가 된다.

크리스테바는 "정신적인 공간의 설정을 시작하게 만드는 욕동/신체의 분리"에 대하여 썼다(1987b: p. 315). 나는 이러한 분리(원억압)를 정신적 불균형에서 나타나는 것처럼 신체적 욕구로부터 정동이 실린 대상의 이미지로 이동해가는 첫 번째 방향전환에 위치시켜 왔다. 내 생각으로 이런 움직임은 심신의 경계에서 실재적인 쪽 혹은 '신체' 쪽에서 오로지 항상성원리처럼 보이는 쾌락원칙의 욕동에 의한 극복이 되기보다는 오히려 쾌락원칙에 의하여 조절된다. 조절이나 질서, 즉 체계화는 이미 정신적 공간의 최초 설정에 존재하게 된다.

나는 라깡의 문장을 다시금 인용하려고 하지만 이번에는 양해를 구하지 않고도 그의 의미를 변경시켜 내 것으로 삼으려고 한다. "대타자는 아무리 덧없을지라도 이미 무의식의 개시부터 그곳에 존재한다" (*Séminaire* XI, 1973, 펠만 1987: p. 22에서 재인용).

남근중심주의, 이상적 자아, 자아이상

상징적 거세를 통하여 방어적인 남근중심주의의 포기는 이뤄진다. 방어적 혹은 상상적 거세는 고통스럽거나 두려운 것이다. 상징적 거세는 타고난 분할과 결여 및 한계의 소유를 통하여 이뤄진다. 방어적인 남근중심주의에서 결여와 한계는 우발적인 것처럼 보인다. 남근의 결여는 우발적인 것이다. 어머니와 여아는 거세되어 버릴 수도 있거나 숨겨진 남근을 가질 수도 있다. 따라서 잃어버렸거나 잃을 수 있는 혹은 숨겨진 상상적인 남근은 결여의 타고남을 부정하게 해준다. 오로지 방어적인 남근중심주의를 포기함으로써 남근은 차이와 욕망, 부성기능, 모아간의 제3자, 생식력 있는 재결합, 생활, 사랑 및 그에 의한 은유화의 연결사를 비방어적으로 상징화할 수 있다. 그 다음에 가서야 남근은 상징화 그 자체를 상징할 수 있다.[9] 여성들은 그것에 대한 두려움보다는 오히려 상상적 결여, 즉 상상적 거세로 시작하기 때문에 덜 방어적이고 따라서 방어적인 남근중심주의를 포기할 수 있는 더 좋은 기회를 갖는다. 나는 그 점을 여자다운 지혜의 핵심적인 요소로 생각한다(스미스 1980a).

프로이트는 개인적 선사시대의 아버지와의 동일시가 직접적이고 즉각적[10] 이라고 썼을 때, 그는 남아나 여아가 대상으로서 아버지와의 오이디푸스적인 조우 속으로 진입하는 세계 속에서 주체성을 이루는—아버지와 닮고 첫 번째 타자로서의 아버지와 관계를 맺는—비교

주

9) 나는 기관에 한 가지 이름(음경)을 부여해주는 이득이라든가 그것이 상징이 될 수 있는 것에 대해 다른 이름(남근)을 보존해주는 이득을 찾아볼 수는 없었다. 내가 관여되어 있는 한, 장미는 장미이고 남근은 음경이다. Gallop(1981)의 표현대로 그것은 '동일한 차이' 이다.(저자) 라깡 자신도 음경과 남근을 섞여 사용하기도 하지만 그의 시니피앙과 성화(sexuation)라는 개념을 이해하려면 실재적 남근과 상상적 남근 및 상징적 남근을 구별해야 한다. 실재적 남근은 생물학적 기관인 음경을 가리킨다. 거세 콤플렉스와 오이디푸스 콤플렉스는 몸에서 떼어낼 수 있는 부분대상으로서 상상적인 대상을 의미하는 상상적 남근을 중심으로 하여 구성된다. 성차이 문제는 상징적 남근을 중심으로 맴돌고 있는데, 남근이론의 중요한 요소는 남근이 '대타자의 욕망의 시니피앙' 으로 기술되면서 향락의 시니피앙이 된다는 점이다. 특히 『에크리』에 나오는 논문 「남근의 의미작용」의 한 구절은 비록 부정문으로 표현되어 있지만 남근의 의미를 명확히 알려준다. "프로이트의 교리에서, 만일 우리가 환상을 상상적인 효과로 보려고 한다면 남근은 환상이 아니다. 그것은 … 그러한(부분, 내부, 좋은, 나쁜 등의) 대상도 아니다. 그것은 그것이 상징하는 기관-음경 또는 음핵-은 더더욱 아니다. … 남근은 시니피앙이다"(*Écrits*, 1966: p. 690/ trans. by B. Fink, 2006: 579).

10) 크리스테바의 「'즉각적' 이고 무대상의 동일시」(1987b: p. 26) 참조.(저자)

적 갈등이 없는 차원을 가리키고 있었다고 나는 생각한다. '아버지'와의 '무대상의' 동일시가 가져오는 결과는 확립된 자아이상이다.

아이가 엄마한테 배우는 것은 그런 몇 가지 장애들이 위험물로서 그 장면에 들어갈지라도 주체성의 발달과 그 세계 내의 존재의 발달을 시작해주더라는 것이다. 이런 학습은 욕구가 강압적인 수준에 놓여있지 않을 때 '장애들' 에 대한 아이의 경험을 모델로 삼는데, 그 장애들은 위험을 알려주는 것이 아니라 그 대신에 아이의 관심과 흥미 및 놀이를 환기시켜주는 것이다. 나는 자기 자신의 분리된 주체성을 암시해 주는 시니피앙들이 그러한 비강압적인 시기에 처음으로 일어난다고 생각해 왔다. 다시 말해서, 분리를 위험으로 인식하는 자신의 방법을 시행하기 쉬운데, 그 위험이라는 것은 어머니의 부재에서의 신체적인 필요성의 위험과 본능적인 욕동의 위험과는 전혀 다른 영역의 것이다.

의심할 여지도 없이 분리된 주체성의 위험에 대한 지각과 그에 대해 방어하는 방식들은 이 세계 내에 존재하는 어머니의 기본적인 방식에 의해 영향을 받는다. 그러나 키르케고르가 썼던 것처럼, "진정으로 인간적인 것을 앞선 세대로부터 배우는 세대는 없다"(1954: p. 130). 어떤 것들은 가르칠 수 없다. 즉 어떤 것들은 각각의 개인들이 자기 나름대로 배워야 한다. 나는 어머니의 돌봄이 제아무리 이상적일지라도 분리된 주체성이 그 자체를 제일 먼저 중대한 위험으로 드러낸다고 가정하며, 또한 유아가 지니고 태어나는 분리에 대한 선천적인 감수성은 문제가 되지 않는다고 생각하는데, 후자는 분명히 정

주

11) foreclosure라는 영어와 forclusion라는 불어는 프로이트의 Verwerfung의 번역어다. 이 단어는 '저당물 반환권의 상실' 을 의미하는 법률용어로서, 역자가 '상속인의 자격을 법원의 판결에 의해 폐지하는 것' 을 의미하는 '폐제' 란 용어로 대체한 것이다. 폐제의 대상은 기본적인 시니피앙인 부명이며 정신병의 핵심 기제다. 억압과 다른 점은 폐제된 요소가 무의식에 묻히는 것이 아니라 무의식으로부터 축출된다는 것이다.

신분열증에서 보이는 부명의 폐제[11)]에 한 가지 요인이 된다.

분리된 주체성의 위험이 기괴한 까닭은 그것이 내부의 분할을 상기시켜주는 것으로 나타나기 때문이다. 다시 말해서, 그것은 배고픔이나 목마름, 추위 혹은 신체적인 동통과 같은 위험들처럼, 자신의 존재의 핵심에 대해 외부적이지 않은 그런 위험이 된다는 것이다. 그것은 그 사람이 직면해야 할 뿐만 아니라 떠맡아야 하는 것으로 요청되는 그런 위험이다. 또한 자신의 존재의 핵심이 되는 욕동들과는 달리 그것은 대상이 구조를 제공할 수 있는 그런 위험도 아니다.

영웅들, 새로운 환자들, 어느 한 가지 정신분석 이론에 충실함

원초적이고 방어적이며 강압적인 동일시들은 대상과 맺는 관계의 무차별적으로 완전한 내재화가 되는 경향을 보인다(스미스 1971). 그처럼 어머니를 동일시하는 것은 그녀로부터의 자신의 분리와 자신의 내적인 분할이 나타나기 시작하는 그 실현에 대한 방어이다. 이런 완전한 방식으로 이루어지는 대상과의 상상적인 동일시는 본래의 공생이나 전(前)오이디푸스 시기의 이자적인 자기애적 애착을 영속시킬 수 있다.

더욱 발전된 비강압적인 비방어적 동일시에서 대상과 맺는 관계의 특수한 측면들이 내재화된다. 그러나 나는 여기서 주체다움과 세계다움 둘 모두를 육성하고 반영하는 핵심적인 동일시를 개인적 선사시대의 아버지와의 동일시로 기술하고 있다. 언급된 바와 같이 어느 정도까지 그것은 어머니의 비자기애적 자세와의 동일시를 의미하고 있다. 그러나 어느 정도까지 그것은 어머니가 오직 그녀 자신과 아이의 존재방식을 넘어서서 이 세계 내에 존재하는 어머니의 방식이 그 아이에 의해 제 나름대로 이미 떠맡게 된 그러한 방향으로 내딛은 최초의 몇

걸음에 연결되고 확인하고 있음을 단지 인식할 뿐이다. 나는 '무대상의 동일시'가 확정적인 인식의 이런 요소를 가리키는 것으로 간주한다.

오이디푸스 위기의 해소는 자신의 젠더와 주체성의 수임을 허용해 주고 그 이후의 방어적인 동일시의 필요성을 사전에 제거해 준다. 그러나 해소는 항상 상대적이고, 사람들은 새로운 제3자와 영원히 조우하게 되며 해소를 영원히 반복하게 된다. 오이디푸스 위기의 해소는 새로운 제3자와 반드시 직면해야 할 필요가 없음을 의미하는 것은 아니다. 오히려 그것은 비교적 비방어적인 방식으로 최초의 위기의 반복이라는 재작업을 뛰어넘는 것을 의미한다.

만일 오이디푸스 위기가 해소되어 왔기 때문에 그 이후의 비슷한 위기들을 비방어적으로 직면할 수 있게 된다면, 자신의 여걸들이나 영웅들의 선택은 축하할만한 일이 될 것이다. 그들은 그가 분리된 주체로서 지향하려고 노력하는 용기와 지혜의 이상적인 상태를 보여준다. 오이디푸스 해소가 방해되었을 정도로 여걸(heroine)이나 영웅에 대한 욕구는 헤로인(heroin)에 대한 욕구와 약간 비슷해진다. 그것은 사실상 일종의 중독일 수도 있다. 그것은 또한 당연히 전(前)오이디푸스적인 이자관계 방식의 출구에 대한 탐색이 되지만, 그와 동시에 대상으로서의 여걸이나 영웅과 맺는 전(前)오이디푸스적인 관계 방식을 유지시키려는 강박적인 욕구도 된다. 그 결과는 흔히 여걸이나 영웅이 효과적으로 그 사람을 상징계로 옮겨주는 제3자가 되는 것을 증명해 주지 못한다는 것이다. 그 대신에 어머니와의 이자관계 방식이 단지 새로운 대상에게로 옮겨갈 뿐이다. 이것이 바로 저항으로서의 전이인데, 그 전이는 상상적으로 구성된 자신의 부모나 선조와 벌이는 분화되려는 투쟁을 거부시켜 준다.

이런 형태의 전이가 특정한 정신분석 이론에 대한 분석가의 충성을 그 특징으로 삼을 정도로 그것은 방어적인 정통성이 된다. 나는 개인적 선사시대의 아버지와의 동일시라는 프로이트의 개념을 믿음이라고 강조해 왔는데, 그 믿음은 변화와 성장을 허용해 주는 길 위에서 위험과 제3자들 및 새로운 것들과 직면할 수 있는 그 자신의 용기와 힘을 믿는 것이다. 나는 이것을 비방어적인 동일시와 비방어적인 정통성에 대한 패러다임이라고 생각한다.

나는 물론 양극단적인 입장에서 쓰고 있다. 나는 우리 모두가 특정한 개인들과 집단 및 그들과 관련된 관념들에 대한 어느 정도 방어적이면서 비방어적인 충성심 속에서 우리의 인생과 우리의 전문적인 인생을 살아가고 있다고 생각한다. 선조들과 그런 사람들 및 그들과 관련된 관념들과 맺는 자신의 관계에 입각하여 새로운 환자가 제3자로서 그 장면에 들어오게 된다. 방어적이고 비방어적인 정통성과의 갈등 속에서 그 환자는 한편으로 자신의 익숙해진 사유방식을 동요시킬지도 모른다는 위협을 내보이고 또 다른 한편으론 새로운 그 무엇을 배울 수 있는 기회, 즉 어떻게 해서든 이전의 믿음으로부터 떠나게 될 것이라는 통찰력의 모험을 감행할 수 있는 기회를 내보이게 된다. 크리스테바는 이렇게 썼다. "분석가는 전이에서 그 자신의 지식, 즉 환자가 그의 지식이라고 가정하는 것과 그가 다른 사례들에 집중해왔던 지식, 그런 지식의 분해를 감행하게 된다. 각각의 분석은 피분석자가 반드시 말해야 했던 것을 듣기 전에 내가 보유했던 정신역동에 대한 어떤 신념들을 적어도 변경하거나 혹은 변경해야 한다"(1987a: p. 51). 그와 비슷하게 라깡도 분석가의 무지에 대해 썼는데, "분석을 위해 그에게 찾아온 각각의 주체들의 무지, 즉 어느 누구든 하나의 '사례'가 되지 못하도록 막아주는 더욱 새로워진 무지"(1977a: p. 322)에 대하여 썼다.

그 장면으로 새로운 피분석자의 진입이 흔히 동반되는 자신의 익숙해진 사유방식에서의 변화에 대한 위협은 중대한 문제—오로지 이론의 변경만의 문제—가 아닌 것 같다는 인상을 심어줄 수 있다. 그와는 반대로 비방어적인 정통성을 개인적 선사시대의 아버지와의 비방어적인 동일시와 관련시키려는 내 목적은 선배들의 핵심적인 중요성 및 그들에 대한 충성심과 투쟁에 관한 언급이 되어 왔는데, 그것(선배들에 대한 충성심과 투쟁: 역자)은 자신의 인생과 작업을 영원히 새롭게 만들어준다. 선배들의 텍스트는 알게 모르게 자신의 일상적인 작업에 비추어 끊임없이 도전되며 변경되고 있다. 그 말은 자신의 주체성과 세계 내에서의 존재방식의 핵심적인 측면들이 분석 작업에서 환자의 핵심적인 문제에 접근해갈 때 도전되고 변경된다는 것을 의미한다. 이런 이유 때문에 선배들에 대한 자신의 충성심이 주로 방어적인지 비방어적인지에 따라 새로운 피분석자는 적어도 새로운 모험을 기쁘게 예기하는 것만큼 제정신을 일깨우기 쉽다.

제7장

할퀸 상처를 편평하게 만들기

공생에서 상징계로의 이행에 대한 어떤 함의를 추적할 목적으로 공생적인 어머니와 상징적인 어머니를 구분하는 일은 유용할 것이다. 공생적인 어머니는 미분화 단계의 어머니이고 아직도 타자가 아닌 전(前)언어적 시기의 어머니이다. 그러나 과도하게 도식화할 위험에도 불구하고 공생의 일반적인 의미를 넓혀서 공생적인 어머니가 오이디푸스 시기 이전의 모든 분화단계를 가리킨다고 말해보자. 그렇다면 공생적인 어머니는 처음엔 소원충족 대상의 이미지를 지닌 어머니가 될 것이다. 코허트의 용어로는 자기-대상으로서의 어머니이고, 라깡의 용어로는 상상적인 어머니로서 유아의 통일체 이미지를 거울에 비쳐주는 사람이다. 또한 말의 출현 시기로부터 이자관계의 어머니는 오이디푸스 위기 동안에 성취된 상징적 거세에서 그녀의 근본적인 포기에 이를 때까지 자신을 타자로 알려주기도 한다.

상징적인 어머니는 언어와 오이디푸스 위기 덕분에 타자로 알려지게 되는 어머니일 뿐만 아니라, 라깡의 말처럼 그녀는 또한 대타자의 자리에 있는 어머니이기도 하다. 다시 말해서, 상징적인 어머니가 그 동안 언어를 도입시켜 왔고 대타자의 자리에 있는 존재를 아버지한테 중재해 왔던 어머니라는 뜻이다. 이 세계 내에서 그녀의 비자기애적 존재방식이 아이로 하여금 그녀 자신으로부터 떨어져서 아버지와 미래로 향하게 하는 사람도 다름 아닌 그녀이다. 프로이트가 '개인적 선사시대의… 아버지와의 동일시'(『표준 영역본』 19: p. 31)라고 불렀던 것 속에서 아이가 동일시하는 것은 어머니와 아버지 둘 모두의 이러한 차원이다.

어머니가 방어적으로 자기애적인 상태가 되어갈 정도로, 다시 말해, 그녀가 아이를 그녀 자신의 연장으로, 즉 그녀의 남근으로 보게 될 정도로, 그녀는 상징계로 옮겨가는 아이의 이행에 저항하는 공생적인 어머니다. 자기애적인 방어에서도 아이의 욕망이 어머니의 욕망이 될 정도로, 다시 말해, 아이의 소원이 어머니의 남근이 되어갈 정도로, 그렇게 구조화된 어머니는 공생의 어머니다.

요약해 보면, 공생적인 어머니는 합병의 어머니이고, 상징적인 어머니는 여기서 자세히 설명된 것처럼 분리의 어머니다. 어머니에게로 회귀하려는 동기는 주로 공생적인 어머니에게로 회귀하려는 것일 수 있거나 혹은 주로 상징적인 어머니를 찾거나 되찾아내는 것일 수 있다. 후자는 오로지 과거로의 퇴행만은 아니겠지만 자신의 미래와 상징적 질서의 첫 번째 중재자를 되찾아내는 것이기도 하다. 그렇다면 상징적인 어머니는 상징적 질서로 진입된 덕분에 알려진 어머니를 가리킬 뿐만 아니라 그렇게 해서 알려진 어머니가 상징할 수 있는 것—상징으로서의 모성—을 가리키기도 한다.

이런 서론과 함께 나는 여기에 텍스트로서 라깡의 (또한 프로이트의) 남근중심주의에 대한 쥘리아 크리스테바의 복합적인 반응과 함께 이중의 논평을 제공하려고 한다. 그 스타일은 토릴 모이가 '인쇄상 고의적인 페이지의 분할'(크리스테바 1986: p. 160)이라고 기술한 것으로 「스타바트 마테르」[1] (크리스테바 1986: pp. 160-86; 1987b: pp. 234-63)에서 크리스테바에 의해 채택된 것이다.

주

1) 라틴어인 Stabat Mater는 'the mother was standing'이란 뜻으로 그리스도가 십자가에 못박혔을 때 성모의 슬픔을 노래한 찬미가이다.

크리스테바는 『공포의 권능』(1982)이라는 책의 「'코라', 자기애의 저장소」라는 부분에, 근친상간의 장면과 그 터부에 대한 원억압이 항상 반복되고 있는 이야기를 싣고 있다. "기이한 수위자리, 그곳은 억압된 것이 확보될 수 없는 장소이며 억압하는 것이 분명히 이차적인 것, 즉 언어로부터 이미 항상 그 힘과 권위를 빌려오는 장소이다. 따라서 우리는 수위자리에 대하여 말하지 않고 가장 중요한 측면에서 상징적 기능의 불안정성에 대해 발해 보려고 한나. 그것은 어머니의 신체에 위치하고 있는 금지로서…. 여기[억압된 것의 자리]에서 내가 플라톤(Timeus, pp. 48-53)을 따라 코라[2], 즉 저장소라고 부르게 될 이상한 공간을 욕동들이 지배하고 구성한다"(pp. 13-14)

주요하게 되는 것의 수위자리에 주어지는 것은 무엇인가라는 문제가 여기에서 제기되는데, 그것은 탈중심화하는 코라로서 '욕동들이 지배하는' '이상한 공간'이거나 (남근적이고 남근중심적인) 이미지, 기호 혹은 상징적 기능이다.

크리스테바에 따르면, 태초에 말씀이 있었다—(코라 내에). 후자는 욕동들의 요람이고 욕동들을 재현하기도 하지만 욕동들에 대항하는 이미지와 정동들의 요람이 되고, "내가 코라, 즉 저장소라고… 명명하게 될 이상한 공간"이다.

주

2) 코라(chora)는 플라톤의 「티마이오스」편에 나오는 공간이란 개념으로서 그리스어로는 '효라' (χwρα)이다.(D.J. Schulz의 『플라톤의 물질문제』 이경직 옮김 서광사 2000, 47쪽 및 95-6쪽 참조) J. Lechte의 *Julia Kristeva*(Routledge 1990) pp. 128-9를 참조해 보면, 코라는 일종의 장소 혹은 수용자이고 특히 상징계 내의 장소를 의미하고, 운동과 덧없는 정체들로 구성되어 유동적이고 극히 일시적이다. 코라는 욕동의 활동이 주로 위치하는 기호적이고 비기하학적인 공간으로서 에너지의 일시적인 집중과 비슷하다. 따라서 코라는 어머니의 표상될 수 없는 신체를 함축하고 있어 어머니의 신체는 기호적인 것(the semiotic)의 초점이 된다.

더욱 주요한 것, 즉 억압된 것이나 억압하는 것이란 무엇인가? 한눈에 볼 때, 억압된 것이 우선권을 갖는다고 생각할 수도 있다. 문젯거리는 억압된 것이 '억압하는' 이미지나 기호 혹은 구조가 작동을 시작하기 전까지는 그처럼 구성되지 않는다는 것이다. 가장 원초적인 수준에서 '억압된' 것이나 '비천한' (abject)[3] 것은 회피되는 것으로 간주될 수 있을 뿐이고, '억압하는' 것은 전회가 지향하는 것과 함께 전회 그 자체로 간주될 수 있을 뿐이다. 이것은 욕동들이 토착적인 소여가 아니라고 말하는 것을 의미한다. 그것들은 어릴 때의 경험으로 구성되고 그 모양을 갖춘다. 어머니의 중재를 통하여 억압된 것과 억압하는 것은 서로

태초에 코라가 있었다 —(말이 나타나는 곳에).

모든 어머니가 자신의 남자아이를 하나의 신이 되는 것으로 믿지 않는가? 또한 그녀 자신은 그녀 자신의 살로 만들어진 따라서 아들이자 아버지이자 남편이자 신으로서 합당한 존경을 받는 유일한 존재인 이러한 신의 자랑스러운 어머니요 아내요 딸이라고 믿지 않는가? 그 어떤 실제적이고 인간적인 남편이 오직-그-아들을-위해-예비된 이러한 서임(敍任)에 걸맞을 수 있을까? 남근중심주의의 씨앗이 여기에 있지 않는가? 모든 남성적 자기애가 모성적 자기애에 그 근원을 두지 않는가?

또한 두 번째 아들이 태어날 때 무슨 일이 벌어지는가? 이것이 바

주

3) 크리스테바를 읽을 때마다 대면하게 되는 용어로서, 그녀는 라깡의 거울단계가 통일체의 감각을 일으킨다는 것은 동의하면서도, 거울단계 이전에도 유아가 '나'와 타자 사이의 경계를 개발하기 위해 타자들과 자신을 분리하기 시작한다고 여긴다. 유아는 '비천' (abjection)이란 과정을 거치면서 그 경계를 개발하는데, 이때 '비천한 것'이란 시큼한 우유라든가 배설물 혹은 어머니의 과격한 포옹처럼 우리가 혐오하고 거부하며 거의 폭력적으로 배제하는 것을 의미한다. 그것은 유아의 경험 주위를 돌아다니면서 유아의 모호한 경계를 끊임없이 위협한다. 깨끗하고 적절한 자아에 대한 무의식적이면서 동시에 의식적인 위협이 되는데, 이처럼 비천한 것은 경계를 침범하는 것으로서 주체를 간절히 바라면서 또한 분해시킨다.

를 구성하게 된다.

처음에 그것들은 분화되어 있지 않다. 하나의 유추—어떤 수준에서는 동일성—가 프로이트의 마음에 드는 '특별히 완벽한 기능'의 가장 원시적인 형태와 가장 발전된 형태 사이에 존재하는데, 거기서 이드와 자아 및 초자아는 하나가 되어 함께 작용한다. 초기의 이미지는 분열로 보일 수 있는데, 그 분열 내에서 어떤 것으로부터의 회피는 있지만 오직 그처럼 결코-증언되거나-알려지지-않은 첫 번째 전회만을 위해 그런 표현이 예비되어 있는 한, 원초적 억압에 대한 갈등적인 것은 없다. 거기서는 이렇게 추정될 수 있을 뿐인데, 즉 욕동(drive)은 대상의 이미지를 향하여 달려간다(drives). 그렇게 함으로써 욕동은 대상을 향하여 달려가는데, 거기엔 여전히 서로에게 분화된 욕동도 없고 욕망도 없고 소원도 없으며 대상이 없더라도 우리는 그렇다고 말하게 된다. 대상의 이미지는 욕동을 표상한 로 카인이 동요하게 됐던 근원이 아니었던가? 형제들의 노력이 아버지는 그만두고 진정으로 아버님의 편애를 지향해올 수 있었던가?

아들은 이런 덫을 어떻게 극복하고 빠져나갈 수 있었을까? 단순히, 이를테면, 요셉의 이름을 넘어서 부명의 욕구가 존재하지 않을까? 혹은 그것이 더욱 얽혀져 있는 것뿐일까?

시몬 드 보브와르는 피에로 델라 프란체스카(15세기 이탈리아의 화가: 역자)의 〈예수의 탄강〉이란 그림에서 여성적인 패배를 보는 잘못을 저지르고 있었는데, 어머니가 갓 태어난 아들 앞에 무릎을 꿇고 있었기 때문이다(크리스테바 1986: p. 171). 아들의 관점에서 생각해 보라. 나는 그 아들이 너무 어려서 알지 못할 것으로 생각하는데, 그러나 그는 어머니의 숙여진 머리에서 "그녀가 또한 그의 아내이자 딸임을 알고 있는 자의 헤아릴 수 없는 긍지가 동반되어 있다"는 것을 아는 신이 되기다. 이미지는 동시에 욕동, 욕망, 소원 및 대상이 된다.

지각의 동일성과 사유의 동일성 사이의 차이점, 즉 대상의 이미지와 대상 그 자체 사이의 차이점이 확정되는 것은 어머니의 중재를 통해서 이루어진다. 이것은 일차과정에서 이차과정으로 가는 전회에 관한 프로이트의 첫 번째 진술이거나 오히려 그러한 전회의 첫 단계에 관한 그의 진술이다. 그것은 위험으로서의 충족되지 않은 욕구로부터 원초적인 회피의 수준을 넘어서 분리의 두 번째 수준이 된다. 그 이미지는 하나의 '단순한' 이미지로 환원되고 그 대상도 하나의 '단순한' 대상으로 환원된다. 그러나 지각의 동일성과 사유의 동일성으로 분화되기 이전에 그 이미지는 언어에서 오직 시적인 단어만이 되찾을 수 있는 충만함을 갖게 된다.

태초에 있었는데—나는 조금도 알지 못한다. 병아리 그리고 달걀?, 욕동 그리고 이미지?, 분화를 원할 수도 있다는 것이다.

"그녀는 '그녀가'(저자의 강조) 그러한 (영혼의 혹은 인류의) 영원불변으로 그 운명이 정해져 있다는 것을 알고 있는데, 그것을 모든 어머니들이 무의식적으로 알고 있으며 또한 그에 대해서는 모성적인 헌신이나 희생까지도 치러내야 할 만큼 대수롭지 않은 대가일 뿐이다. 그것은 훨씬 더 쉽게 생겨나는 대가인데, 어머니를 아들에게 묶어두는 사랑과 대조되어 다른 모든 '인간관계들'이 빤히 속 들여다보이는 속임수처럼 터져 나오기 때문이다"(1986: p. 172).

그러나 무엇이 이보다 더 큰 속임수일까? 그것은 하나의 덫이다. 아들을 포함시킬 만큼 확장된 그녀 자신의 자기애라는 울타리 속에서 어머니는 그것을 지불해야 할 하찮은 대가로 간주할 수 있지만, 그것은 그녀가 아들한테서 뽑아낸 대단한 대가이다.

비방어적 및 방어적인 남근중심

되지 않은 이드/자아?, 욕동 그리고 현실에 의해 결정된 통합적인 지각?

아마도 기뻐서 소리지를만한 아무것이 없더라도, 시작하고 난 직후에, 욕동 그리고 결정된 현실이 있었고, 욕동 그리고 이전의 충족경험의 기억에 기반을 둔, 정동이 실린 통합적인 이미지를 표상하는 현실이 있었다고 말하는 것이 안전할 수도 있다. 적어도 사유(이러한 수준, 관념작용, 즉 이미지들로 사유하는 수준에서)가 관여하는 한, 우리는 그것을 시작으로 받아들인다.

이전의 충족경험에 대한 기억은 그 대상이 대상으로서 확정되기 전에 그 대상에 대한 기억이 된다. 따라서 그 이미지는 욕동을 '표상' 하면서 동시에 '아직 아닌' 대상을 표상한다. 첫 번째 이미지는 첫 번째 '아직 아닌' 은유이다. 그것은 언어에서 다른 모든 단어들과 맺는 차별적 대조와의 관계에 의해 그 대상을 가리키게

주의에 관한 중요한 질문은 이렇다. 사실상 신으로서 아들의 즉위는 단지 모성적 자기애의 연장일 뿐인가? 혹은 남성적인 신은 여성이 자신의 신성(神性)을 포기하는데 있어 한 단계로, 즉 보존과 포기 사이의 타협으로서 두사가 되는 성모 마리아에 대한 숭배에 있어 한 단계로 일어났을까? 또는 남성적인 신은 아들들한테서 그들의 인간성을 빼앗는 자기애적인 모성의 울타리로부터 빠져나오는 출구나 혹은 적어도 그에 대한 저항방식으로서 아들들로부터(그들의 아버지들의 도움과 함께) 일어났을까?

실제로 그것은 어느 길로도 갈 수 있고 항상 어느 정도로 그 둘의 혼합이다. 그러나 그것과 그것만이 예정되어 있더라도 잠시 동안 각각의 가능성을 추구하는 것은 주관적인 극단들에게 더욱 재미있으면서 동시에 더욱 진실하다.

아마도 성모 마리아와 어머니다움에 대한 숭배가 결국엔 아들들

될 그 단어의 선구자가 되는 것만은 아니다. 그것은 또한 유아의 '모든 것'이 되어가는 덕분에 은유적인 대상, 대타자의 선구자, 다시 말해, 유아가 나중에 태어나게 될 모두를 구조화하는 체계로서의 언어의 선구자도 된다.

위험으로서, 충족되지 못한 욕구로부터 대상의 이미지로 옮겨가는 전회가 원억압의 원초적인 장면이 되는데, "정신을 확립시키고 또한… 욕동을 타자의 상징계 쪽으로 기울게 하는 바로 그런 분리가 된다. 오직 은유적인 역동(유기체적 욕구들의 동위체를 분쇄시키는 이질적인 전치라는 의미에서)만이 이러한 타자가 대타자가 되는 것을 정당화해준다"(크리스테바 1987b: p. 31).

「스타바트 마테르」(〈스타바트 마테르 돌로로사〉—〈슬픔에 잠겨 서계신 성모〉라는 찬송가의 첫 가사에서)에 대한 크리스테바의 글쓰기는 "텍스트의 본문을 분할시키는 개인적인 관찰에서 기록되고 반영된 그녀 자신의 모 (그리고 교부[教父]들)에 의해 저질러지는 어머니들에 대한 앙갚음의 쓸데없는 노력이 되었을까? 그런데 그 어머니는 자신에 의해 신으로 즉위된 아들에 대한 위협에 어울리는 방식으로 성과 죽음도 잃게 되고 따라서 생명까지도 잃게 된다. 근친상간에 대한 동기의 한 가지 근원은 어머니의 인간성과 아들의 인간성의 수준에서 어머니에게 접촉함으로써 신성한 울타리로부터 탈출하려는 노력이 될 수는 없었을까?

그것은 불확실하다. 그러나 한 가지는 분명하다. 남성적인 신이 어머니들로부터 모성적인 자기애의 포기나 연장에 의해 유래되거나, 혹은 모성적인 울타리에 대한 저항으로서 아들들(그리고 아버지들)로부터 유래되거나, 혹은 그분이 여전히 남성이라고, 그분이 명확히 남성이라 할 정도로 두 가지 모두에서 유래된다. 그분을 중성으로 만들거나, 혹은 남성이나 여성으로 만들거나, 혹은 남성이면서 동시에 여성으로 만들기 위해 성경험과 일치한다"(크리스테바 1986: p. 160)고 토릴 모이는 쓰고 있다.

크리스테바의 명백한 가정은 우리가 "여성성(femininity)의 신성해진 (종교적인 혹은 세속적인) 표상이 어머니다움에 의해 흡수되어 있는" 문명 속에 살고 있다는 것이다(크리스테바 1986: p. 161). 또한 다음도 역시 그녀의 명백한 가정이 되는데, 이러한 어머니다움의 개념, 즉 "문명사에 알려진 가장 강력한 상상적 구성들 가운데 하나"(크리스테바 1986: p. 163)가 남성과 여성 둘 모두에게 방어적이고 상상적인 환상이 된다. 다시 말해서, (어머니다움의 개념은: 역자 첨가) "상실된 영역의… 환상이고… 우리를 [고태적인 어머니]에게 묶어두는 관계의 실현이며… 첫 번째 자기애의 실현이다"(크리스테바 1986: p. 161). 특히 여성에게 있어 그것은 '여성적인 편집증을 다루는 방법'이 된다(크리스테바 1986: p. 180).

단지 성경을 고쳐 쓰는 일이 그분을 달리 표현할 수 있었다고 어느 누가 믿을 수 있을까? 도대체 은총과 자비와 평화를 부여하는 번역을 수정하고, 또한 "가장 강력한 지위와 권세의 제임스 군주로서 영국과 프랑스와 아일랜드의 왕이시고 신앙의 옹호자이시며, 기타 등"을 위하여, 기타 등이 그 무엇을 의미하든, 신의 은총에 의해 행해진 번역을 수정한다는 것은 상당히 안 좋은 일이었다. 대부분 위원회의 결정들과 닮긴 했지만 그러한 초창기의 번역들은 단지 잘못됐을 뿐이다. 그러나 신의 성을 가지고 노는 일은 미친 짓이다. 그 다음엔 무엇일까? 어느 누군가의 만화에서 보는 것처럼 우리는 시스틴 예배당 천장의 끝손질—곡선미를 지닌 이브의 쭉 뻗은 손가락에 닿아있는 훨씬 더 넓은 궁둥이를 지닌 수염이 없는 신—을 갖게 될 것인가?

그것에 대해 생각해 보게 되고…

딸은 다른 것들 가운데서도 다

그런 시각에서 크리스테바는 두 가지 질문을 제안하고 있다. "사회적인 고통을 줄여주고 남성적인 존재를 만족시켜 주는 일반적으로 어머니다운 것의 초상과 특별히 기독교적이고 처녀다운 것의 초상에는 무엇이 들어있을까? 또한 그들 사이의 불꽃 튀는 상반됨과 영원한 교전상태를 넘어서고 그것들에도 불구하고 여성을 충족시켜서 두 성 간의 공통점을 제기해 주는 곳에는 무엇이 있을까?"(크리스테바 1986: p. 163).

여성성과 어머니다움의 개념이 방어적이라는 가정으로부터 그렇게 제기된 그 어떤 남성적인 만족이나 여성적인 충족 혹은 두 성 간의 공통점이 방어적이고 상상적이 될 것이라는 가정이 뒤따르게 된다.

그 텍스트에서 매어리언 컬트의 방어적인 것으로 해석하는 명백한 경향에도 불구하고 (어머니다움에 대한 주변적인 해석에 대조되어), 매어리언 컬트의 비방어가올 신성과 인간성 둘 모두의 계속적인 근원을 보증해 주는 그녀의 인간성과 모성적 선물 및 박탈을 더 쉽게 허용해준다.

코라라는 것은? 딸은 모든 사람들이 갖거나 되어가는 코라의 더욱 직접적인 수용자가 되지만 어머니들만이 진정으로 그 사실에 대해 알고 있을 뿐이다(남근의 방어적이거나 비방어적인 위상과는 정반대로, 코라가 관여되는 한, 만일 여러분들만이 그것을 소유한다면, 그것은 상상적인 것이다. 여러분은 그것이 되어야 하고 아니면 그것을 잊어야 한다.).

코라에 대하여 확신을 가지고 말할 수 있는 유일한 것은 그것이 고동친다는 사실이다. 적어도 고동친다는 단어는 가슴의 한복판처럼 가장 중심적인 것에 대하여 생각하는 사람들이 사용하는 것이다. 코라를 욕동과 섹슈얼리티와 더 잘 연관시키는 사람들은 그것이 고동친다고 말하는 경향을 보인다.

신중한 사상가들은 가장 중심적

적인 것으로 바라보는 정반대의 암시적인 해석도 그 텍스트에서는 작용중이다. "따라서 슬픈 인간성을 환기시켜 주는 어머니와 그녀의 속성들은 일신교에서 '피억압물의 회귀' 의 대리물이 되어 기고 있다. 그것들은 비구어적인 것을 재확립시켜 주고 소위 일차 과정에 더욱 가까워지는 의미화 경향의 저장소로 나타난다. 그것들이 없으면 성령의 복잡성은 삭제되어 불완전하게 되어 버렸을 것이다. 다른 한편, 그것들이 성모 마리아를 통하여 되돌아오는 것처럼 예술—그림과 음악—에서 그것들의 출구를 찾게 되는데, 그 예술에서 동정녀 마리아는 반드시 수호성인이 되면서 동시에 특별한 대상이 된다."(크리스테바 1986: p. 174).

그 함의—〈스타바트 마테르〉에서는 눈에 띄지 않는—는 여기서 '어머니와 그녀의 속성들' 에 의해 예증되어 있는 비천한 것이 만일 예술작품들의 근원이 된다면, 인 것이 동시에 항상 가장 주변적인 것도 된다는 역설을 우리에게 상기시켜 준다. 평범한 사람들일지라도 고동침이 내부적인 것인지 외부적인 것인지 결코 분명치 않다는 사실을 장담할 수 없다. 간혹 세계 전체가 고동치는 것처럼 보인다.

타인들이 코라를 갖든가 되어간다 할지라도 어머니의 코라는 분명히 가장 위험스런 것이다. 그것은 여러분을 편안히 죽음으로 이끌어 갈 수 있다. 아들을 열광하게 할 수 있는 것도 어머니의 코라인데, 그 부분적인 이유는 그가 그것이 어디에 있는지 알지 못하고 잘못된 장소를 계속 들여다보기 때문이지만 그 대부분의 이유는 그가 그것이 무엇인지 알 수 없기 때문이다.

그러나 그것은 아들들한테만 국한된 문제가 아니다. 알 수 없는 것에 대한 두려움 때문에 꼬마 소년들과 꼬마 소녀들 모두는 코라를 감추는 한 가지 방법으로 숨겨 그것은 무언의 회화와 음악의 근원일 뿐만 아니라(일상적이거나 상식적인 혹은 과학적인 단어용법 덕분에) 문학과 종교의 근원이 되기도 한다. 회화와 음악, 문학 및 종교는 일신교적인 신이 남성이라 할지라도 근원으로서 비천한 것의 승화된 시니피앙들이다.

예술작품과 문학 및 종교는 자기애적인 위기의 시기에 비천한 것이 '나'를 지지해 주는데 그런 일이 어떻게 일어나는지 그에 대한 승화된 영구적인 각색이다. 비천한 것(회피되는 모든 것이고, 시간이 경과함에 따라 원래 지향되던 원초적이고 전[前]대상적인 어머니를 포함한 것)이 시가(詩歌)로서 되돌아오게 된다. 예술작품과 종교는 문화적인 질서, 즉 대타자의 공간으로 들어오는데, '나'를 지지하고 대타자를 지지하고, 대타자 안의 '나', 즉 대타자 안의 인간성을 지지해 준다.

그것은 흥미로운 지지이다. 문화적인 대상들은 근원과 운명을 영구적으로 생각나게 하는 것이 진 남근을 어머니한테 부여하게 된다. 어떤 분석가들은 이런 특별한 남근에 대해 두려움이 일어나는 까닭은 그것이 남근이기 때문이라고 믿고 있으며, 메두사의 머리에서 다수의 남근들 때문에 몇 배의 공포를 보게 된다고 믿는다. 다른 한편, 그들의 버릇대로 라깡 학파들은 이런 식으로 생각하는 영미의 분석가들이 그것을 잘못 알고 있다고 말한다. 뱀들이 스스로가 남근이기 때문에 놀라는 것은 아니다. 뱀들은 그 각각이 거세의 부정이기 때문에 놀라고 있는 것이다. 그렇다면 그것은 톨스토이와 그의 형제들과 사촌들로 구성된 클럽과 다소 비슷한데, 그 클럽의 전체 아이디어는 북극곰에 대해 생각하지 않는 것이었다.

그러나 내 버릇대로 서기 1987년 어머니날에 딥 크릭 레이크에서 쓰고 있었던 것처럼, 나는 그들이 모두 잘못하고 있음을 여러분한테 말할 수 있다. 꼬마 소년들은 거세의 두려움에서 빠져나오려고 어머니한테 남근을 부여하는 것이

됨으로써 지지해 주게 된다. 그것들은 '나'로 하여금, 즉 인간성으로 하여금 회피하던 경향을 보이는 것과 직면하도록 요구함으로써 지지해 주게 된다.

"이러한 '성모 마리아다운 것'의 기능은 서양의 상징적 경제에서 형태를 갖춰나가는 것처럼 보일 수 있다. 그것이 간절히 바라는 지극히 그리스도다운 승화로 시작되고 명명 불가능한 것의 언어 외적인 영역으로 확장되면서 성모 마리아는 언어의 괄호 안에서 여기저기에 엄청나게 큰 영토를 차지하게 되었다. 그녀는 기독교의 삼위일체에다가 또한 그들의 정합성을 서술하는 말씀에다가 그들이 구하는 이질성을 덧붙이게 된다."(1986: pp. 174-75)

하나님 아버지와 관련된 말씀은 모든 것을 감싸는 신의 모성적 차원, 즉 성모 마리아에 의해 흔히 귀속되고 인수되는 차원 내에서의 정합성을 서술하게 된다. 이것이 "남자는 더욱 완벽하고 여자는 더욱 완성적이다"라는 오든 아니다. 꼬마 소녀들도 거세를 부정하기 위해 어머니들과 자신들한테 숨겨진 남근을 부여하는 것은 아니다. 또한 어머니들도 남근에 대한 최초의 욕망에서 빠져나오려고 아이들을 남근으로 보는 것은 아니다.

남근이 되느냐 안 되느냐 혹은 남근을 갖느냐 못 갖느냐 하는 모든 문제는 완전히 부차적이고 파생적이고 방어적이다. 그것은 젠더의 영역에서 이상한 지지학(地誌學)에 도움이 된다. 그처럼 분명하고 돌출된 실질적인 물건인 남근은 공공연히 혹은 암암리에 코라를 숨기려는 노력, 불안이 실린 방어적인 모든 사람의 노력의 덕분으로 생각된다.

어머니의 남근은 그 자체가 남근이기 때문에 혹은 숨겨져 있기 때문에 혹은 거세의 부정이기 때문에 가장 무서운 것이 아니다. 어머니의 남근이 가장 두려운 코라이기 때문에 가장 무서운 것이다.

모든 사람은 남근중심주의에 연

(Auden)의 진술(1958)의 의미가 될 것인가? 말이 전해주는 정합성이 실현되는 것은 모성적 보호로부터 이루어진다. 다시 말해, 모두를 감싸는 이질성이 구해지는 것은 언어의 덕분이다. 사유에 있어서 생각할 수 없는 것과 조우하게 되는데, 그것은 간혹 생각할 수도 없고 말할 수도 없는 차원이며, 그럼에도 불구하고 내 자신보다는 '나' 한테 더 가까운 것이다. 사람들이 말을 넘어서 실재적인 것으로 건너가는데, 어떤 특정한 시기에서 말하는 동물을 위해 구원의 비이성적인 근원이 되는 실재적인 것으로 건너갈 수 있는 것은 말의 덕분, 즉 말씀의 덕분이다.

"인간은 그 장소에 모성적인 사랑을 가정함으로써 죽음이라는 생각할 수 없는 것을 극복하게 되는데, 그 장소는 죽음과 사유를 대신하는 자리이다. 신성한 사랑이 단지 그 유래를 항상 확신하게 되는 것은 아니지만 그런 사랑은 심리적으로 어쩌면 초기의 동일루되어 있다. 남근중심주의는 위안을 준다. 남근중심주의를 해체시키든가 그에 대항하여 투쟁하는 것은 이미 비밀리에 그것을 방어로 채택하였음을 부정하는 것이다. 두 성 사이에는 그저 전투에 관한 소문 이상의 것이 항상 있기 마련이다. 전투라는 것은 남근중심주의가 떠받치거나 그에 대해 죄책감을 느끼거나 혹은 그것을 위태롭게 만들면서 투쟁하도록 요구될 수밖에 없는 중점적인 문제가 된다는 신화를 보존하는 데에 필수적이다. 그것은 남근중심주의가 방어이면서 덮개임을 부정하는 가장 효과적인 방법이다.

찬성하기 위해 투쟁했든 반대하기 위해 투쟁했든 이것은 정치적으로 방어적인 남근중심주의이다. 하나의 방어로서 남근중심주의를 지지하거나 해체시키는 것은 어느 것이 됐든 마음을 딴 데로 돌리는 일이고, 남근과 그에 대한 모든 투쟁이 코라를 억압한다는 것을 알지 못하게 방어하는 방법이 된다. 결국엔 교전상태는 코라와 관련하시에 가까운 쪽의 회상이 될 것 같은데, 다시 말해, 신생아의 생존을 보증해줬던 최초의 보호에 가까운 쪽이다. 사실상 그러한 사랑은, 논리적으로 말해서, 사유의 동일성과 살아있는 신체가 붕괴되는 바로 그 순간에 고뇌의 동요가 된다. 음성과 촉각과 시각적 흔적들의 세세한 모든 범위를 휩쓸어 왔고 언어보다 더 오래되었으면서도 새롭게 만들어지는 소통의 가능성들은 죽음에 대한 최후의 방패로서 보존되고 있다. 모성적 표상이 사랑이라 부르는 이런 완화된 고뇌의 자리에 그 자체를 설정하는 것은 '규범적일' (normal) 뿐이다"(1986: pp. 176-77).

그러나 그 텍스트는 동정녀 마리아에 대한 숭배의 방어적인 것을 명백히 강조하게 된다. 프로이트와 융—더욱 확대하면, 단순히 그 어떤 사람도 가능하지만—이 그 주제에 대해 반드시 말했음직한 그 어떤 것에 대해서 우연하게도 그렇지만 철저히 거부한 뒤에 여 계속적인 방어적 자세를 보증해 준다. 그것은 상상계의 방식, 즉 남근의 소유 여부라기보다는 남근이 되는 방식이다. 코라와 직면할(직면하다? 다른 단어가 있을까?) 수 있는 남녀만이 남근을 소유하든가 소유할 수 있게 된다.

"그 모든 것은 어떻게 시작되었지"에서 '어떻게'와 '시작되었다'에 초점을 두는 일은 베켓이 『제자리걸음』이라는 작품에서 "그 모든 것은 그 모든 것…"에 대하여 방어하는 것이다.

세월은 할퀸 상처를 편평하게 만들기의 하나, 즉 비통한 과오를 바로잡기의 하나이다. 충분하리만큼 공평하다. 그러나 과오를 바로잡는 것은 모든 교정(矯正)을 넘어서 젠더 편집증, 즉 젠더 반목의 불가피성을 감출 수 있다.

처음 시작에는? 처음에 어떠했었는지에 대하여 걱정하지 말도록 하자. 우리는 코라나 남근이 그 중요성에 있어 수위자리를 갖는지 그 여부는 별도로 하고 반목의 불가피성에 대하여 걱정하는 것이 더 낫

크리스테바는 "여성적인 편집증을 다루는… 방법[으로서] 성모 마리아다운 것"에 대한 그녀의 사례 가운데 그런 요소들("내가 당신[you]으로 말미암아 잉태한 것이 아니라 그 분[Him]으로 말미암아 잉태한 것이다"로 시작하는데, 그 말은 생각해 보면, 얼마간 이브가 카인을 가졌다고 말했던 것["아담이 그 아내 하와와 동침하매 하와가 잉태하여 가인을 낳고 이르되 내가 여호와로 말미암아 득남하였다 하니라"[4]]이 되며, 적어도 그녀는 만일 그것이 다소 기적적이라는 생각을 따르고 싶지 않다면 그렇게 말할 것으로 간주될 수도 있다)을 열거하고 있다. ('여성적인 편집증'은 '남성적인 편집증'[거세불안]이 음경선망[5] 이라 부르는 것을 표현하는 데 있어 훨씬 더 멋있고 덜 천박하며 덜 방어적으로 남근중심적인 방법이 된다. 나는 그것을 다. 우리는 반목이 어떻게 행해지기보다는 오히려 인정되는지 그에 대해 걱정하는 것이 더 낫다. 우리는 방어적으로 폐쇄된 세계에서 사랑할 기회에 대해 염려하는 것이 더 낫다. 만일 상징적인 어머니가 우리를 위해 기도할 수 있다는 것을 우리가 기도할 수 있다면 그것이 더 낫다.

하나님을 믿는다는 것이 반드시 방어적인 것은 아닐뿐더러 내세를 믿는다는 것도 반드시 방어적인 것은 아니다. 방어적인지 비방어적인지 그 여부는 마음씨가 고운지 그 여부에 달려 있다. 사실상 상징적인 참여가 그것을 수립하고 탈중심화하는 참여의 의식적 혹은 무의식적 문자 그대로의 정확한 수준 밖에서 가능할지 나는 의심스럽다. 문자 그대로의 수준에 대한 지능적인 배제는 문자 그대로의 신앙을 강요하려고 시도하는 이단 심리(審理)와 똑같이 압제적

주

4) 창세기 제4장 1절로서, 저자의 영문으로는 이렇다. "And Adam knew Eve his wife; and she conceived and bare Cain, and said, I have gotten a man from the Lord."

더 좋아한다.)

여성적인 편집증을 다루는 방법으로서 성모 마리아다운 것에 대한 크리스테바의 사례에 있어서 또 다른 요소들은 이렇다. "동정녀 마리아는 하늘나라에서 한 여자를 여왕으로 변화시킴으로써 편집증적인 권력욕을 떠맡고" 있지만 "소아-신 앞에 무릎을 꿇음으로써 그러한 과대망상증(megalomania)을" 억누르고 있다(1986: p. 180). "동정녀 마리아는 성모의 죽음과 성모 몽소승천이라는 매우 기쁘게 하는 표상을 통하여 시간과 죽음으로부터 제외된다는 편집증적 환상을 떠맡게 된다"(1986: p. 181). 동정녀 마리아는 '유일한 여자의 이미지'를 떠맡게 되는데, "여자들 가운데 홀로, 어머니들 가운데 홀로, 인간들 가운데 홀로인데, 그 까닭은 그녀에겐 죄가 없기 일 수 있다.

진실을 말하자면, 사물을 문자 그대로 받아들이는 그 어떤 방법도 실제로는 있을 수 없다. 문자 그대로의 정확함은 형체부여의 첫 번째 수준이다. 형상의 첫 번째 수준은 나중의 수준에 의해 해석되지만, 리쾨르에 따르면 뒤따른 수준들의 상징화 능력은 첫 번째 수준에서 유래된다.

수립과 탈중심화는 단순히 서로 반대가 될 수는 없다. 한 가지 시각에서 중심적인 것은 다른 시각에서는 주변적이고 탈중심적인 것으로서 그 자체를 반복하고 있다.

데리다는 플라톤과 헤겔에게 진 자신의 빚을 그들을 탈중심화, 즉 해빙함으로써 갚고 있다(데리다의 초조함은 그의 웃음, 즉 엄격한 독해에서의 앙갚음 속에 담겨 있더라도, 키르케고르를 초조하게 만들었고 데리다를 초조하게 만드는 것은 헤겔의 종교철학인데, 다시

주

5) penis envy를 '남근선망'이 아닌 '음경선망'으로 번역한 까닭은 라깡 정신분석에서 '시니피에가 없는 근본적인 시니피앙'으로서의 '남근'의 중요성 때문임.

때문이다. 그러나 유일함에 대한 간절한 바람의 인정은 즉각적으로 제지되고… 유일함은 오로지 악화된 피학증을 통해서만 획득된다."(1986: p. 181)

크리스테바는 그녀 자신을 노골적으로 마르크스와 니체 및 프로이트와 같은 위치에 놔두면서 이 모든 것을 "여성적인 편집증에 관련되는 용인과 속박의 능란한 균형"이라 부르고 "오늘날엔 부서져 버린 것으로 보이는 영리하게 균형 잡힌 구조"라고 부른다(1986: pp. 181, 182). 그러나 어머니다움의 기독교적인 표상이 해결책을 제공해주지 못하는 여성적인 영혼의 그러한 측면들에 관한 질문으로 그녀가 옮겨갈 때 그 그림에는 이상하게도 변화가 거의 없다.

그것은 마치 방어적인 믿음과 비방어적인 믿음 사이의 선택 혹은 방어적인 불신과 비방어적인 불신 사이의 선택이 거의 문제가 될 수 없는 것처럼 보인다.

말해서, 데리다에 따르면 그것은 헤겔의 철학, 즉 헤겔철학의 '결빙된 완성'이다. 아브라함을 대하는 헤겔의 태도는 특히 무례한 것이었고 또 무례하다. 어머니 없이 과도하게 간섭하고 과도하게 열광적이며 과도하게 성서적인 아버지 밑에서 키르케고르는 아브라함과 이삭의 이야기를 열정적으로 들으며 자랐다. 믿음의 조상인 아브라함을 취급하는 헤겔의 태도는 키르케고르[또한 내 생각으로는 데리다도 마찬가지]의 아버지와 그 선조들에 대한 공격이었다.).

남근이 코라를 억압하는가? 남근, 상상적 남근, 코라를 억압하기 위해 전개된 남근은 우리가 회피하고 있는 모든 것을 억압하고 우리가 회피해 왔던 모든 것을 억압한다. 상상적 남근은 비천한 것을 억압한다. 그것은 분화되지 않은 모성, 즉 공생의 어머니를 억압하려는, 다시 말해, 죽음의 인물로서의 어머니, 즉 어머니가 잃어버렸던 초기의 삶/죽음에 대한 그리움을 억압하려는 노력이다. 그것은

"아무런 의심도 없이 무언은 제일 먼저 어머니의 신체를 괴롭히게 된다. 즉 잔여를 남기지 않으면서 그것을 들어 올릴 수 있는 시니피앙이 없는 것과 같은데, 그 까닭은 시니피앙이 항상 의미나 소통 혹은 구조가 되는 반면에, 어머니로서의 여자는 그 대신 문화를 자연으로 바꾸고 말하는 존재를 생물학으로 바꾸는 이상한 주름살이 될 수도 있기 때문이다" (1986: p. 182). 또한 그에 동반된 여백에, "이전의 여가장제라는 위대한 문명의 언어들은 인칭대명사를 회피해야 하며 회피하고 있다. 그것들은 독특한 주인공들의 부담을 그 문맥에 맡겨두고 신체들 사이에서 물밑의 초언어적 소통을 회복시키기 위해 어조에서 위안을 구한다. 소위 동방의 예절이 다름 아닌 음악으로부터 폭력, 살인, 대학살을 통해 갑자기 터져 나온다. 여성의 담론은 그것이 되는 것일까? 기독교는 다른 것들 가운데 그러한 널뛰기를 얼어붙도록 시도하지 않았던 현재의 슬픔을 억압하는데, 그 슬픔은 우울증(depression)[7]과 비천(abjection)[8]으로서 되돌아온 것이다.

그것은 사람이 이 세계로 들어올 때 가져왔던 원래의 공허를 억압한다. 그것은 욕망 혹은 적어도 정직한 욕망을 억압하려는 노력인데, 그 욕망은 원래의 분리와 공허함, 빈곤 및 죄책감에서 그 근원을 부정하지 않는다.

그러나 거부된 공생의 어머니가 나타나게 되어 있는 결여와 죽음에 대한 공포를 사람이 그러한 전회에서 동시에 대면할 수 있을 때까지 혹은 대면할 수 없게 된다면, 완전함과 인생에 대한 희망으로 향하는 전회는 떠내려가고 텅비어서 상상적인 상태로 남아있게 된다.

통상적인 발달에서 공생의 어머니, 즉 미분화된 모성의 어머니는 대타자의 자리에서 분화된 모성의 어머니에게 양보되는 것이다. 공생적인 어머니는 상징적인 어머니에게 자리를 양보하게 된다.

가? 그것을 중단시키려고 여성들을 그 리듬에서 터져 나오게 하고 마음속으로 영원히 그들을 안정시키는 것인가? 지나치게 영구적으로"(1986: pp. 182-83).

"환희가 동반되는 고통—피학증의 양가성—때문에 여자는… 암호화된 근본적인 도착증적 행위를 스스로 허용하게 되고… 그것 없이는 사회가 표준화된 세대의 항구성을 재생해내지 못하고 유지시키지 못할 것이며…. 여성적인 도착증(perversion)*[père-version]*[6] 이 생식작용과 연속성

상징적인 어머니 덕분에 공생적인 어머니에 대한 소원/두려움을 대면할 수 있고 포기하며 초월할 수 있고, 그로 인해서 자신의 유한성에 도달할 수 있다.

공생적이고 상상적인 어머니로부터 상징적인 어머니에게로 옮겨가는 아이의 전회를 통하여 실재적인 어머니[9] 는 아버지가 대타자의 자리를 떠맡도록 중재할 수 있다. 또한 그런 연후에야 비방어적인 남근중심주의는 성취된다.

방어적이거나 비방어적인 남근

주

6) 라깡이 도착증(perversion)을 언어유희를 통해 père-version(아버지-개정판)으로 읽은 것임.

7) 크리스테바는 우울증을 대상적 우울증(objectal depression)과 자기애적 우울증(narcissistic depression)으로 분류하는데, 후자를 멜랑콜리(melancholia)라 부른다. 멜랑콜리는 정신병에 더 가까워 보이지만 상징계의 사용을 거부하면서도 상징계와 결속되어 있다. 대상적 우울증은 주체와 대상 간의 구분 이후에, 언어를 배운 이후에, 즉 오이디푸스단계 이후에 발생하기 때문에 정신분석 치료에 더욱 적절하다.

8) abjection을 '비천'이나 '비열'로 번역한 것은 사전적인 번역일 뿐이다. 그녀의 후기 저서인 『공포의 권력』(Powers of Horror)의 부제로 An Essay on Abjection이 붙어 있다. 주체의 발생과정을 설명하기 위한 용어로서 자신에게 낯선 것을 추방하거나 거부함으로써 항상 모호한 '나'의 경계를 창조하는 상태를 말한다. 자신의 정체성을 잃어버릴까봐 두려워하는 것을 프로이트는 Unheimlich(uncanny 기괴함)로 표현하는데, 이 독일어의 문자 그대로의 뜻은 '집에 있는 것 같지 않은'이란 느낌이다. 이 기괴함은 실제로는 새롭거나 낯선 것이 아니라 낯익고 우리 마음속에 오랫동안 정립되어 있던 어떤 것이기 때문이다. 크리스테바는 abjection이 문학에서 어떻게 작용하는지를 보여주기 위해 Céline의 시작품을 분석하고 있다. 셀린은 프랑스의 작가이자 의사인 Louis-Ferdinand Destouches의 필명이다. 셀린을 '아브젝시옹의 작가'라고 부르기도 한다.

에 대한 욕망처럼 법에 대한 욕망 속에 사리를 틀고 있으며, 그것은 여성적인 피학증을 구조적 안전 장치의 지위로 올려놓고 있다" (1986: pp. 183).

또한 끝으로 ("어머니와 아이 사이에 프로이트가 제3자를… 남근을 도입시켰다"는 라깡의 진술에 대한 분명한 인유와 어머니와 아이와 남근 사이의 관계를 변화시킴으로써 아버지의 기능에 대한 분명한 인유에서), "다른 성(남성)의 거부가 매개자로서의 소아한테 실체화된 제3자의 보호하에서는 더 이상 가능할 것 같지 않다. '나도 아니고 당신도 아니라 그 사람, 즉 소아, 제3자, 비인간, 신이며, 마지막 분석에서 여전히 내가 그 사람이 되며….' 그곳에 거절이 있기 때문에, 또한 만일 그 안에서 애쓰고 있는 여성적인 존재가 그곳에 머물러 있다면, 이제부터 그것은 제3자의 신격화를 요구하는 것이 아니라 확실한 가치, 즉 권력의 확실한 등가물에의 역(逆)카텍시스를 요구 중심주의가 중재되는 것은 여성의 덕분이다.

프로이트 이래로 정신분석은 운명을 알아보게 하고 영웅적인 노력을 방해한다고 비난 받아왔는데, '그 대상' 처럼 대개 과학의 이름(The Name-Of-Sciencc)으로 가리키듯이 주로 어머니와의 초기 상호작용에서 시작되는 것과 같다(또한 프로이트가 '동화될 수 없는' 사물다운 것이라 불렀던 것의 측면으로 그녀가 나타나게 되었다는 애매한 찬사처럼). (그런데도 우리가 마침내 회피하고 있는 동화될 수 없는 사물다운 것의 현실성 덕분에 우리는 분리된 것으로 구제되고 있다. 그러나 우리가 회피하고 있는 비천한 것은 그러한 전회에 의해 표현된다. 다시 말해, 우리는 그러한 전회로 표시되어 그때 이후로는 비천한 것으로부터 오고 가는 소환이 스며들게 된다. 그러한 소환에 유의하거나 소환을 멈추게 할지 그 여부, 그것을 불러일으키거나 취소하는 것으로 들릴지 그 여부, 그것이 공포를

하는 것이다. 오늘날 여성정신병은 정치와 과학 및 예술에 대한 열정을 통하여 경험되고 완화되며…. 어머니다움에 동반되는 변형들은 아마도 그것이 타협하는 다른 성의 거절이란 관점에서 다른 것들보다 더 쉽게 분석될 수도 있다. 무엇을 허용할까? 분명히 최초의 양성구유의 미리 설정된 조화 내에서 '성적인 파트너'의 편에서 보는 이런저런 이해가 아니다"(1986: p. 184).

이것은 탈신화학화의 쓰디쓴 과일인가? 해방에 대한 여성적인 환희의 이유로 볼 수 있는 것은 아무것도 없다. 남자에겐 지옥이 주어져 있지만, 여자와 남자는 비참함 속에 남아있다. 그것은 에덴동산으로부터 축출의 잔인한 반

말끔히 없앨지 혹은 불러일으킬지 그 여부가 달려 있게 된다.)

비방어적인 남근중심주의의 중재로 이전의 모성적인 신들은 몇천 년에 걸쳐 발전해온 여성다운 지혜 때문에 그 빛을 잃게 된다. 그러한 지혜는 방어적으로 자기-과장하는 자기애에 대한 여성의 포기에 그 뿌리를 두고 있다. 바로 그러한 지혜는 오로지 어머니/소아의 자기애적 울타리에서 떠남으로써 그녀의 자손들이 인간이 될 수 있고 언어의 세계로 들어가서 대타자의 공간으로 들어갈 수 있음을 직감적으로 알게 되는 지식으로부터 유래하고 그런 지식을 허용하게 된다. 따라서 대타자에 대한 대역으로서 그녀의

주

9) 라깡은 상상적인 어머니와 상징적인 어머니 및 실재적인 어머니의 구분이 중요하다고 주장한다. 상상적인 어머니는 불안의 근거인 '삼켜버리는' 어머니의 이미지와 상상적 남근을 소유하는 것으로 상상된 어머니의 이미지이다. 상징적인 어머니는 원초적인 대타자로서 아이의 울음을 해석하고 그 의미를 사후적으로 결정함으로써 아이를 언어의 세계로 진입시키는 사람이다. 실재적인 어머니는 유아를 돌보는 최초의 사람으로서 드러나는데 주체의 요구를 좌절시킬 때에만 실재적인 어머니가 된다. 그러나 라깡은 클라인학파나 대상관계이론과는 달리 아버지의 역할을 강조하여 아버지도 상상적, 상징적, 실재적인 아버지로 구분한다(D. Evans 『라깡 정신분석 사전』 김종주 외 옮김, 1998, 참조).

복이지만, 이번에는 남자가 여자보다 더 많은 비난을 받고 최초의 알리바이였던 뱀은 아무런 비난도 받지 않는다.

어쩌면 주로 그것은 있는 그대로의 방법일 뿐이다. 그러나 이러한 공공연한 진술을 크리스테바의 입장으로 볼 수 있을까? 나는 그것을 미심쩍게 여긴다.

이런 입장의 맞은편에 크리스테바의 「스타바트 마테르」라는 텍스트와 그 난외의 깊숙한 구조 속에 작용중인 상징적 어머니라는 개념이 존재한다. 비록 상징적 어머니는 크리스테바가 표면적으로 저지당하는 개념이 될지라도 그러한데, 그 이유는 그녀가 기호적인 것과 상징계의 '전능함' (1986: p. 185)의 대조를 강조하고 코라 대 언어, 그리고 '이단설' 대 방어적으로 착취적인 남근중심주의와의 대조를 강조하기 때문이다. 틀림없이 전투는 그곳에 존재한다. 즉 증오가 설정되어 있다. 증오와 교전상태는 크리스테바의 주된 텍스트에서 공공연

원래 역할은 그러한 지위를 아버지한테 전달하기 위해 전개되고 있다. 어떤 사람들이 이제 옹호하는(그들이 무엇을 옹호하는지도 모르면서) 그러한 중재의 방향을 되돌려 놓는 것은 항상 천국을 찾이 행해진 그 어떤 탐색의 개념이 되는 혼돈으로 이끌어 갈 수 있을 뿐이다. 그것은 바로 신이 에덴동산의 문에 사방팔방으로 돌아다니는 화염검과 그러한 둘째 계급의 모든 천사들을 위치시켰던 이유이다.[10)]

남성다움과 여성다움이 원래 각자 그 자체 내에서 두 겹으로 되었거나 둘이 하나의 존재로 결합되었음을 뜻하는 것은 아니다(프로이트는 아리스토파네스가 말하고 있었던 것 또한 초기의 브리하다라냐카 우파니샤드가 설명하고 있는 것이 이미 파생된 신화들이었음을 알지 못했다. 게다가 아리스토파네스[플라톤, 189e]는 아무튼 여기저기 농담하고 다닐 뿐이었다.). 원래는 남성다움이란 없

히 인정되어 있다.

외래종교(또는 포기해왔던 종교)에 대한 접근은 그 사람이 처음으로 방어의 가능성들을 보게 되는 접근이기 쉽다. 크리스테바와 대부분의 정신분석가들은 이러한 관점에서 프로이트(또한 마르크스와 니체)를 따를 것이다. 그러나 오이디푸스시기를 횡단하는 것—젠더의 떠맡음, 주체다움의 떠맡음 및 상징계로의 진입—이 상징적인 아버지와 상징적인 어머니 양쪽에 대한 비방어적인 접근을 허용해 준다.

'구조적 안정장치' 가 되는 것은 여성적인 피학증 하나만이 아니다. 인간의 실존을 안정시켜주는 것은 코라 하나만도 아니고 상징적인 기능 하나만도 아니며, 모성기능 하나만도 아니고 모성은유 하나만도 아니며, 부성기능 하나만도 아니고 부성은유 하나만도 아니다. 결국 안정시켜주는 것은 욕동들과 외부현실에의 조

없고, 오직 모성적으로-되는-것의 전(前)언어적이고 말이 없는 모성적인 출산만이 있었을 뿐이다.

남성다움(그 남자)은 모성적인 것 내에서 하나의 분화로 발생하고, 그런 연후에야 남자 그리고 여자의 분화와 확립으로 신, 즉 말씀과 세계의 신이 나타난다(그처럼 모성은 말이 없고 세계도 없다.).

신이 이 세계의 세계다움을 창조하기 전에, 그 분이 남자와 여자를 창조하기 전에, 신이 '나타나기' 전에, 다시 말해, 신이 드러나 보일 수 있는 그 어떤 '한 사람' 도 존재하기 전에, 모성은 이미 항상 그곳에 존재해 있었다. 신의 남성다움이란 의미는 신, 언어, 이 세계의 세계다움, 그리고 인간이 한꺼번에 나타났다는 것을 뜻한다. 사람들은 그것을 연상에 의해 죄라고 부를 수도 있다.

주

10) 창세기 4: 24 참조: "이같이 하나님이 그 사람을 쫓아내시고 에덴동산 동편에 그룹들(cherubim)과 두루 도는 화염검을 두어 생명나무의 길을 지키게 하시니라."

율을 위한 자신의 기구들에 의해 이중으로 보증되는 자율성이다. 그러나 이런 안정성은 처음엔 상징적인 어머니에 의해 그 다음엔 상징적인 아버지에 의해 중재되어 왔던 상징계로의 진입 덕분에 하나의 '나'를 위해 실현되고 그 열매를 맺게 된다. 상징계(법, 언어, 대타자의 공간)로의 진입은 더 높은 수준에서 상징적인 어머니나 상징적인 아버지에게로의 비방어적인 접근을 허용해준다.

크리스테바가 자신의 한계 내에서 알게 된 것은 아이에 대한 어머니의 동경이 어머니에 대한 아이의 동경의 길을 예기해주고 열어준다. 어머니는 최초의 모성적 열중에 대한 능력이 특별히 구비되어 있는 덕분에 최초의 동일시적 사랑에 비방어적으로 참여하게 된다.

그녀의 동경은 상호적인 동경을 중재하는데, 그것(상호적 동경: 역자)을 통하여 아이는 상징적인 어머니—대타자의 대리자로서의 남성다움의 분화 덕분에 여자는 모성적인 것으로부터 여자로 나타났다. 남자는 모성적인 것으로부터 유래되었지만 여자도 마찬가지였다. 여자는 여자로서의 자신의 존재를 남자의 출현 덕택으로 생각한다.

아담이 제일 먼저 창조되었다. 그의 갈비뼈가 이브에게서 찾아졌다는 것은 근원으로서의 모성에 대한 신화적인 찬사이고 미분화된 모성에서 나온 여자의 덜 명쾌한 분화에 대한 신화적인 찬사이다.

아담은 제일 먼저 창조되었고 말하고 이름을 붙이는 첫 번째 사람이 되었지만, 여자는 알게 되는 첫 번째 사람이었다.

모성적인 것에 더 가까운 여자는 이미 항상 알고 있다. 그녀한테는 먹기, 그 어떤 방법으로라도 알기, 그리고 먹이기는 사실상 자연스런 것이다.

모성적인 것에 더 가까워진 여자는 존재에 대해 익숙해져 있다. 새롭게 창조된 남자는 자신의 존재에 더 많은 관심을 보이고, 차

어머니—에게로 접근하게 된다. 크리스테바가 가까스로 알게 된 것은 상징적인 어머니에 대한 모든 탐색이 고태적인 공생으로의 방어적인 회귀가 아니라는 것이고, 소녀한테는 여성적인 편집증의 해결책도 아니라는 것이다. 모든 퇴행이 편협하게 방어적인 것은 아니다. 대타자의 공간 내에 더욱 가득하게 존재하는 것을 위한 퇴행도 있다는 것이다.

그것이 대타자를 상징화할(설령 무엇을 나타낸다 하더라도 모든 상징은 상징화의 상징도 된다) 뿐만 아니라 실재계도 상징화한다는 것은 상징의 결합이 아니다. 상징—상징적인 질서—은 실재계가 현실적인 것으로 알려지게 되는 방법이다. 즉 '동화될 수 없는…것' (프로이트 『표준 영역본』 1: p. 366)으로의 실재적인 어머니는 대타자의 자리에서 어머니에 의해 중재된다. 상징으로서의 어머니라는 문자 그대로의 수준은 현실적인 것으로 알려진 실재적인 어머니에 고정되어 있다.[11)]

단됨에 대해 더 깊은 의미를 지니고 있으며, 죄에 대해 더욱 불안해하고 죄짓기가 더욱 쉬우며, 슬픔에 덜 빠지고, 또한 여자가 알고 있는 바에 대해 덜 당황해 하고 덜 놀란다. (만일 이브가 수치와 죄책감에 압도되었다면 그녀는 스스럼없이 사과를 주었을까? 그가 먹고난 후에 그들은 부끄러워졌다.)

남자에 의한 여자의 교육은 그녀가 마땅히 느껴야 한다고 그가 생각한 모성적인 것에 대한 죄책감과 수치심 및 두려움이 그녀에게서 일어나는 방향으로 가야 한다. 만일 신이 어머니처럼 그런 장면으로 걸어들어 왔다면 아담은 분명히 죽었을 것이다. 아담을 위해서(뿐만 아니라 이브를 위해서) 신은 아버지가 되어야 했다.

남자는 더 흔히 차단된다는 이유 때문에 더욱 모성적인 것과 재결합을 향하여 가고 그것을 더욱 무서워하게 된다.

그렇더라도 남자와 여자는 모두 차단된다. 그들은 재결합을 추구

그녀가 대타자를 상징화할 뿐만 아니라 부정이나 부인을 위해서 일지라도 피가 통하는 육체의 실재적인 어머니도 상징화하게 되는 것은 상징적인 어머니의 결함, 다시 말해, 상징으로서의 성모 마리아, 즉 상징적인 어머니로서의 성모 마리아의 결함이 아니다.

성모 마리아의 경우에는 피가 통하는 육체의 삭제, 즉 섹스와 죽음의 삭제는 근친상간과 죽음에 대한 방어를 타나낼 수 있고 또한 틀림없이 어느 정도로는 항상 그런 방어를 나타내고 있으며, 여자한테는 '여성적인 편집증' 의 해결책을 나타내게 된다. 그러나 그러한 것으로는 상징으로서의 성모 마리아의 의미를 남김없이 하면서 동시에 두려워한다. 서로간에 분열과 결합으로 생긴 그리움과 증오를 통하여 여자다움과 남자다움은 근원과 운명, 즉 삶과 죽음으로서 모성에 대한 삼가는 의식(儀式)적인 찬사 속에 다시금 결합된다.

선악의 지식에 대해 처음으로 눈을 떴던 사람은 아주 조용히 모성적으로-되어가는 중에 있는 이브였다. 바로 그렇기 때문에 교육이 필요한 그녀는 그것만으로는 덜 압도당했다.

뱀은 모성 속에서 조용히 있는 남성이다. '교활한' (subtil) 뱀은 미분화된 모성이다. '교활한' 이란 단어는 제임스 1세의 흠정역 성서

---

11) 여기서 현실적인 것과 실재적인 것 모두 'real' 을 번역한 것임. the real은 실재계라 번역했고, real mother도 실재적인 어머니로 번역했지만, real이란 형용사 단독으로 쓰일 때는 '현실적' 으로 번역했다. 라깡은 모든 정신분석적 현상을 기술하는 세 가지 질서 가운데 실재계에 대해서는 비교적 언급하지 않음으로써 극단적인 불확정성의 장소로 만들어버리고 세 가지 질서 가운데 가장 어렵고 신비스러운 것으로 남겨놓고 있다. 이러한 실재계는 언어 밖에 있고 상징화에 동화되지 않는 것으로 나타난다. 이런 불가능성과 상징화에 대한 저항 때문에 실재계는 본질적으로 외상적인 성질을 갖고 있다. 70년대 초부터 라깡은 실재계와 '현실' 을 구분하여 현실을 '실재계의 꾸민 표정' 이라고 정의하는데, 실재계는 알 수 없고 동화되지 않는데 비해, 현실은 상징적인 표명과 상상적인 표명의 산물인 주관적 표상을 가리킨다.(D. Evans 『라깡 정신분석 사전』 김종주 외 옮김, 1998 참조)

논의하지는 못할 것이다. 그것은 고태적인 상징적 어머니에게로 혹은 고태적인 상징적 어머니의 상징으로서의 성모 마리아에게로 비방어적인 회귀의 가능성을 폐제시키지 못할 것이다. 이러한 회귀는 죽음의 아픔을 제거할 것 같으며 죽음의 공허에도 불구하고 그 사람을 지지해 줄 것 같은 영원한 것의 경험이 될 수 있다.

섹스와 죽음의 삭제는 상징적으로는 어머니를 '나'와 그의 가장 핵심적인 욕망과 공포로부터 분리해서 멀리 떨어뜨려 놓은 것으로 알게 되는 비방어적인 인정을 나타낼 수 있다. 또한 섹스와 죽음의 삭제는 섹스와 죽음의 상호포함에 대한 비방어적인 인정도 될 수 있다. 그것은 또한 대타자에 대한 원래의 대리자로서 어머니의 중요성을 강조하는 비방어적인 방식도 될 수 있다. 그녀가 삶이나 죽음에 그러한 계산을 부여하는 것은 그것이 상징적인 어머니로서 그렇다는 것을 알게 되는 한 가지 방법일 수 있다

의 철자법만이 그렇게 될 것이다. 즉 이 단어는 그 의미에 있어 세심하게 구별하거나 세심한 구별을 알아차릴 수 있음(세심한subtil 사상가). 정신적인 날카로움에 의해 표시되거나 그런 날카로움을 필요로 함. 섬세하게 숙련되거나 영리함. 솜씨가 좋거나 정교함. 노골적이거나 직접적이지 않음. 교활함. 엉큼함. 섬세하게 암시적임. 뱀은 대체적으로 명백하지 않음. 저도 모르는 사이에 작용함. 쉽게 탐지되지 않음(은은한subtil 독약).

뱀은 이런 특별한 3인조 가운데 누설된 것이 무엇인지 묻지 않은 유일한 자이다. 미분화된 모성(자연)은 알리바이를 필요로 하지 않는다. 신은 아담에게 묻고 나서 그분은 이브에게 물어본 다음에 그분은 셋 모두를 저주했다.

뱀과 여자 사이에 생겨난 증오는 남성다움과 모성의 분화, 즉 남자와 여자의 분화를 동시에 보증해 주었지만, 특히나 여자다움과 모성—여자와 어머니—의 분화를 보

증해 주었다. 그것은 여자가 모성적인 것에 재흡수되는 것을 가로막았다. 이후로 이런 분할에서 남자의 수고나 여자의 수고도 쉽지 않을 것 같고 자연스럽지도 않을 것이다.

이 세계에 존재한다는 것은 (뱀으로부터, 모성으로부터, 여자한테는 내부의 뱀으로서의 남성다움으로부터) 분화되는 것이다. 한 주체의 분화는 센너의 분화에 의해 시작되고 또한 영원히 젠더의 분화에 고정된다.

남자가 두려워하고 희망하는 것, 즉 희망하기 때문에 두려워지는 것은 여자가 아니라 오히려 미분화된 모성—미분화된 모성으로의 재진입—이다. 남자에게 여자는 미분화된 모성을 표상할 수 있다. 그러나 어머니로서의 여자는 대타자도 표상함으로써 출구를 제공해 주는데, 남성적인 신들, 남성적인 신에게로 가는 길이다.

크리스테바는 모든 어머니들과 마찬가지로 이것이 그들의 아이의 운명일 수밖에 없다는 것을 슬퍼하고 있다. 그러나 그녀/그들은 그것이 바로 그들의 딸들이 여자가 될 수 있고 그들의 아들들이 남자가 될 수 있는 유일한 길임을 알고 있다. 즉 그것은 여자로서의 어머니에게로 가거나 분화된 모성으로서의 어머니에게로 가는, 혹은 상징적인 어머니로서의 어머니에게로 가는, 또는 여자로서의 여자에게로 가는 회귀가 될 수 있는 유일한 길이다.

젠더는 대타자에 의해 열려진 세계에서 동물로서의 존재에 대한 성적으로 분화된 동물의 축하회가 되는데, 그 세계는 근원으로서의 모성에 의해, 즉 대타자 내에서 모성적인 현존에 의해 항상 위태로워지고 새로워지며, 의심되고 지지되며, 해체되고 유지되는 남근중심적인 세계이다.

아이의 도래는 이자적 사랑의 부부간 반복에 도전하고 변화시켜서 삼각관계로 만들고 때로는 보증해 준다. 남아든 여아든 아이는 이런 의미에서 아버지가 되고, 대타자의 자리에서 제3자가 되며, 부부간의 이자관계에 개입하는 신성한 것의 기적적인 구체화가 된다.

사랑이나 존재의 새로운 수준에 도달하는 것은 원래의 사랑과 존재를 올바른 방법으로 반복하는 것, 즉 원래의 사랑과 존재로 되돌아가는 것이다. 아들에 대한 모성애는 프로이트가 이미 생각했고 크리스테바가 생각하고 있는 모든 것이 되는데, 왜냐하면 상대방을 서로 끌어당기기 때문만은 아닐 뿐더러, 아들이 그녀의 남근이 되거나 그녀의 아버지의 아기가 되기도 하고, 여성적인 편집증의 해결책이 되거나 혹은 부부간의 이자관계에 삼각관계를 만들어 놓고 이자관계를 보증해주는 제3자가 되기 때문이다. 아들은 남성다움인데, 그로부터 어머니는 여자가 되기 위하여 분화되어 왔던 것이다. 여자는 아들을 통하여 자신의 여자다움을 세상에 알리게 된다. 딸보다는 더욱 그녀의 자궁에서 태어난 아들은 최초의 모성적인 열중으로 성취된 그녀 자신의 미분화된 모성의 상실이 된다. 즉 그 아들은 그녀의 어린 시절 미분화된 남성/여성의 공생적인 어머니에 대한 그녀의 (포기된) 동경의 대상이 된다. 그런 어머니에 대한 그녀의 포기된 사랑의 충만함이 그녀의 아들에게 주어질 수 있다.

이것은 딸들보다 아들이 더 잘 참는 무거운 짐, 고난, 이중의 고난—아들로서 사랑받는 것은 어머니의 어머니로서 사랑받는 것이다—이 된다. 만일 그 아들이 그 모든 것에 무감각해질 수 있다면 그는 신성을 성취하는 것이 아니라 인간성을 성취하게 된다. 만일 그럴 수 없다면 그의 운명은 신성한 채로 남아있게 된다. 또한 정신분석 치료에서 결정적인 요인이 역전이 신경증의 해결책이 되는 것과 마찬가지로 아들이 어머니에게 무감각해지든가(dying to) 어머니로부터 분리되는 데 있어 결정적인 요인은 임신과 분만에서 재획득된(반복된) 최초의 자기애적 사랑에 대한 어머니의 포기가 된다.

그것은 흥미로운 죽음(dying)이다. 그것은 자기애적 사랑에 대한 죽음이 되고, 신성한 것에 대한 죽음이 되며, 다시 말해, 퇴행과 동일시의 특정한 방식에서, 사랑에서, 질환에서, 또한 죽음과의 직면에서 그러한 존재방식으로 되돌아가는 비방어적인 회귀를 허용해주는 영원한 것에 참여하는 원래의 방법에 대한 죽음이 된다.

유아는 냄새와 맛, 보기, 만지기 및 소리로서 그의 어머니를 금방 알아본다. 그러나 그는 자기가 그녀를 알아본다는 것을 알지 못한다. 최초의 자율성의 기구들은 인식을 부여해 주지만 인식의 인식은 가져다 주지 못한다.

이러한 시선, 냄새, 말투, 붙잡는 방법, 기분, 입술의 흐려진 지각, 젖꼭지, 머리카락, 노래, 콧노래, 우유의 따뜻함, 오줌, 똥은 하나 속에서 지각적으로 효과적인 그녀/나에게 점차 구두점을 찍어 놓는다.

그녀는 8개월째에 완전한 모습으로 나타나고 그녀와 함께 낯선 사람과 불안이 나타나게 된다. 그 다음에는 대략 7.5개월 이전에 효과적으로 설명된(그러나 오직 첫 번째 능력에 대한 인식 내에서) 지각의 동일성이나 사유의 동일성이라는 전반적인 문제가 인식에 대한 원초적인 전(前)언어적 인식에 의해 질문으로 제기되고 재작업되어야 한다.

그녀에 대해서? 혹은 그녀의 이미지? 그녀의 실제적인 촉감이나 그러한 기억들의 결여에 대해서? 또한 그것이 문제가 될까? 낯선 사람이나 결여 한 가지에 대한 공포로 쩔쩔매게 된다. 그것이 문제다.

두 번째 능력에 대한 인식 내에서 새롭게 나타나는 그녀 혹은 그녀의 이미지의 문제를 고정시켜주는 것은 거기에 나타나는 '나'의 출현이 된다. 나 혹은 내 이미지의 문제가 아직도 제기되지 않고 있는가?

당연히 그녀에 의해 거울에 비쳐진 내 이미지는, 그러나 그렇게 될 것이다.

'나'는 두려워하게 된다. 말과 사랑과 '내'가 나타날 수 있는 것은 원초적인 놀라움과 두려움 속에서 이루어진다. 태초는 두려움과 말과 사랑으로 표현되어 있는데, 그것들 각각은 다른 것들을 만들어낸다. 다시 말해 그것들 각각은 (대부분) 다른 것들이다. 그렇게 해서 '나'는 인식에 대한 인식이란 장면에 이르게 된다. '나'는 한 위치를 차지하게 되는데, 그로부터 '나'는 (대부분) 말할 수 있게 된다. 하나로서 '나'는 존재하고 '그녀'가 존재하고 '우리'가 존재한다. '나의' 손과 '나의' 머리와 '나의' 신체는 그녀의 것과 똑같이 '나의' 의지에 따라 움직이고 있다. 그것이 시작이다.

알기 쉽게 바꾸어 말하면 이렇다. 초록 대지 위에 선명하게 솟아있는 우중충한 붉은색 내지 잿빛 회색의 이끼로 뒤덮인 울퉁불퉁한 바위는 서서히 부스러져 간다. 시간이 흘러감에 따라 오직 그 바닥 여기저기에 무너져 내려 모래로 변해 버렸다. 그러나 산봉우리와 해변 사이에는 밝은 태양아래 무수한 꽃들이 빛나고 있다.

참고문헌

Auden, W. H. 1958. "A history-making animal." Washington School of Psychiatry lecture.

Beckett, Samuel. 1981. *Footfalls*. In *Ends and Odds: Nine Dramatic Pieces by Samuel Beckett*. New York: Grove, pp. 39–49.

Bloom, Harold. 1973. *The Anxiety of Influence*. London: Oxford University Press.

———. 1980. Freud's concept of defense and the poetic will. In *The Literary Freud: Mechanisms of Defense and the Poetic Will*, vol. 4 of *Psychiatry and the Humanities*, ed. Joseph Smith. New Haven: Yale University Press, pp. 1–28.

Chomsky, Noam. 1968. *Language and Mind*. New York: Harcourt Brace Jovanovich.

———. 1978. Language and unconscious knowledge. In *Psychoanalysis and Language*, vol. 3 of *Psychiatry and the Humanities*, ed. Joseph Smith. New Haven: Yale University Press, pp. 3–44.

Derrida, Jacques. 1987. *The Post Card: From Socrates to Freud and Beyond*. Trans. with an introduction and notes by Alan Bass. Chicago: University of Chicago Press.

Edelson, Marshall. 1975. *Language and Interpretation in Psychoanalysis*. New Haven: Yale University Press.

Eliot, T. S. 1950. Tradition and the individual talent. In *Selected Essays by T. S. Eliot*. New York: Harcourt Brace Jovanovich, pp. 3–11.

Felman, Shoshana. 1987. *Jacques Lacan and the Adventure of Insight: Psychoanalysis in Contemporary Culture*. Cambridge: Harvard University Press.

Fox, Richard. 1984. The principle of abstinence reconsidered. *International Review of Psycho-Analysis* 11:227–36.

Freud, Sigmund. 1953–64. *Standard Edition of the Complete Psychological Works*, 24 vols., ed. James Strachey. London: Hogarth Press.

———. 1895. Project for a scientific psychology. *Standard Edition*, 1:283–397.

———. 1900a. *The Interpretation of Dreams*. Trans. A. A. Brill. In *The Basic Writings of Sigmund Freud*. New York: Modern Library, 1938, 179–549.

———. 1900b. *The Interpretation of Dreams. Standard Edition*, 4 and 5.
———. 1901. *The Psychopathology of Everyday Life. Standard Edition*, 6.
———. 1905. *Jokes and Their Relation to the Unconscious. Standard Edition*, 8:9–236.
———. 1907. Delusions and dreams in Jensen's *Gradiva. Standard Edition*, 9:7–95.
———. 1909. Notes upon a case of obsessional neurosis. *Standard Edition*, 10:153–318.
———. 1911. Formulation on the two principles of mental functioning. *Standard Edition*, 12:218–26.
———. 1912. On the universal tendency to debasement in the sphere of love. *Standard Edition*, 11:179–90.
———. 1913. *Totem and Taboo. Standard Edition*, 13:1–162.
———. 1914. On narcissism: An introduction. *Standard Edition*, 14:73–102.
———. 1915a. Instincts and their vicissitudes. *Standard Edition*, 14:117–40.
———. 1915b. Repression. *Standard Edition*, 14:145–58.
———. 1915c. The unconscious. *Standard Edition*, 14:166–215.
———. 1915d. The unconscious. *Collected Papers*, 4:98–136.
———. 1921. *Group Psychology and the Analysis of the Ego. Standard Edition*, 18:69–143.
———. 1923. *The Ego and the Id. Standard Edition*, 19:12–66.
———. 1925. Negation. *Standard Edition*, 19:234–39.
———. 1926. *Inhibitions, Symptoms, and Anxiety. Standard Edition*, 20:87–172.
———. 1930. *Civilization and Its Discontents. Standard Edition*, 21:64–145.
———. 1933. *New Introductory Lectures on Psycho-Analysis. Standard Edition*, 22:5–157.
———. 1940a. *An Outline of Psycho-Analysis. Standard Edition*, 23:144–207.
———. 1940b. Some elementary lessons in psycho-analysis. *Standard Edition*, 23:279–86.
Gallop, Jane. 1981. Phallus/penis: Same difference. In *Men by Women*, vol. 2 of *Women and Literature* (new series), ed. Janet Todd. New York: Holmes and Meier, pp. 243–51.

———. 1985. *Reading Lacan*. Ithaca: Cornell University Press.

Gill, Merton. 1963. *Topography and Systems in Psychoanalytic Theory*, vol. 3 of *Psychological Issues*.

Green, André. 1983. The logic of Lacan's *objet a* and Freudian theory: Convergences and questions. Trans. Kimberly Kleinert [Lungociu] and Beryl Schlossman. In *Interpreting Lacan*, vol. 6 of *Psychiatry and the Humanities*, ed. Joseph Smith and William Kerrigan. New Haven: Yale University Press, pp. 161–91.

Hartmann, Heinz. 1956. Notes on the reality principle. In *Essays on Ego Psychology*. New York: International Universities Press, pp. 241–67.

Heidegger, Martin. 1962. *Being and Time*. Trans. John Macquarrie and Edward Robinson. New York: Harper & Row.

Kerrigan, William. 1983. Introduction to *Interpreting Lacan*, vol. 6 of *Psychiatry and the Humanities*, ed. Joseph Smith and William Kerrigan. New Haven: Yale University Press, pp. ix–xxvii.

Kierkegaard, Søren. 1941. *Repetition: An Essay in Experimental Psychology*. Trans. with an introduction and notes by Walter Lowrie. New York: Harper Torchbooks.

———. 1954. *Fear and Trembling*. Trans. with introductions and notes by Walter Lowrie. New York: Doubleday Anchor Books.

Klein, George. 1967. Peremptory ideation: Structure and force in motivated ideas. *Psychological Issues* 5:80–128.

Kohut, Heinz. 1971. *The Analysis of the Self*. New York: International Universities Press.

———. 1979. The two analyses of Mr. Z. *International Journal of Psycho-Analysis* 60:3–27.

Kris, Ernst. 1950. On preconscious mental processes. *Psychoanalytic Quarterly* 19:540–60.

Kristeva, Julia. 1982. *Powers of Horror*. Trans. Leon Roudiez. New York: Columbia University Press.

———. 1983. Within the microcosm of "the talking cure." Trans. Thomas Gora and Margaret Waller. In *Interpreting Lacan*, vol. 6 of *Psychiatry and the Humanities*, ed. Joseph Smith and William Kerrigan. New Haven: Yale University Press, pp. 33–48.

———. 1986. *The Kristeva Reader*. Ed. Toril Moi. New York: Columbia University Press.

———. 1987a. *In the Beginning Was Love: Psychoanalysis and Faith*. Trans.

Arthur Goldhammer, with an introduction by Otto F. Kernberg. New York: Columbia University Press.

———. 1987b. *Tales of Love*. Trans. Leon Roudiez. New York: Columbia University Press.

Lacan, Jacques. 1968. *The Language of the Self*. Trans. Anthony Wilden. Baltimore: Johns Hopkins University Press.

———. 1975. *Encore, Séminaire XX* (1972–73). Ed. Jacques-Alain Miller. Paris: Edition du Seuil.

———. 1977a. *Ecrits*. Trans. Alan Sheridan. New York: W.W. Norton.

———. 1977b. *Ornicar?* 10:5–12 (session for 13 April 1976).

———. 1978a. *The Four Fundamental Concepts of Psycho-Analysis*. Trans. Alan Sheridan and ed. Jacques-Alain Miller. New York: W.W. Norton.

———. 1978b. *Lacan in Italia, 1973–1978*. Ed. Giacomo Contri. Milan: La Salamandra.

———. 1988a. *The Seminar of Jacques Lacan*, vol. 1, *Freud's Papers on Technique, 1953–1954*, ed. Jacques-Alain Miller. Trans. with notes by John Forrester. New York: W.W. Norton.

———. 1988b. *The Seminar of Jacques Lacan*, vol. 2, *The Ego in Freud's Theory and in the Technique of Psychoanalysis, 1954–1955*, ed. Jacques-Alain Miller. Trans. Sylvana Tomaselli with notes by John Forrester. New York: W.W. Norton.

Laplanche, Jean. 1976. *Life and Death in Psychoanalysis*. Trans. Jeffrey Mehlman. Baltimore: Johns Hopkins University Press.

Laplanche, Jean, and J.-B. Pontalis. 1973. *The Language of Psycho-Analysis*. Trans. Donald Nicholas-Smith. New York: W.W. Norton.

Loewald, Hans. 1973. Review of *The Analysis of the Self*. *Psychoanalytic Quarterly* 42:441–51.

———. 1978. *Psychoanalysis and the History of the Individual*. New Haven: Yale University Press.

———. 1980. On the therapeutic action of psychoanalysis. In *Papers on Psychoanalysis*. New Haven: Yale University Press, pp. 221–56.

Muller, John. 1989. Lacan and Kohut: From imaginary to symbolic identification in the case of Mr. Z. In *Self Psychology: Comparison and Contrast*, ed. Douglas Detrick and Susan Detrick. Hillsdale, N.J.: Analytic Press, pp. 363–94.

Muller, John, and William Richardson. 1982. *Lacan and Language: A*

Reader's Guide to Ecrits. New York: International Universities Press.

Piaget, Jean. 1971a. *Insights and Illusions of Philosophy*. Trans. Wolfe Mays. New York: World Publishing Company.

———. 1971b. *Structuralism*. Trans. and ed. Chaninah Maschler. New York: Harper Torchbooks.

———. 1973. The affective unconscious and the cognitive unconscious. *Journal of the American Psychoanalytic Association* 21:249–61.

Rapaport, David. 1953. On the psychoanalytic theory of affects. In *The Collected Papers of David Rapaport*, ed. Merton Gill. New York: Basic Books, 1967, pp. 476–512.

———. 1957. The theory of ego autonomy. In *The Collected Papers of David Rapaport*, ed. Merton Gill. New York: Basic Books, 1967, pp. 722–44.

———. 1957–59. *Seminars on Elementary Metapsychology*. 3 vols. Transcripts of seminars held at Austen Riggs Center.

———. 1960. On the psychoanalytic theory of motivation. In *The Collected Papers of David Rapaport*, ed. Merton Gill. New York: Basic Books, 1967, pp. 853–915.

Rapaport, David, and Merton Gill. 1959. The points of view and assumptions of metapsychology. In *The Collected Papers of David Rapaport*, ed. Merton Gill. New York: Basic Books, 1967, pp. 795–811.

Ricoeur, Paul. 1970. *Freud and Philosophy: An Essay in Interpretation*. Trans. Denis Savage. New Haven: Yale University Press.

———. 1978. Image and language in psychoanalysis. In *Psychoanalysis and Language*, vol. 3 of *Psychiatry and the Humanities*, ed. Joseph Smith. New Haven: Yale University Press, pp. 293–324.

Rorty, Richard. 1986. Freud and moral reflection. In *Pragmatism's Freud: The Moral Disposition of Psychoanalysis*, vol. 9 of *Psychiatry and the Humanities*, ed. Joseph Smith and William Kerrigan. Baltimore: Johns Hopkins University Press, pp. 1–27.

Schafer, Roy. 1968. *Aspects of Internalization*. New York: International Universities Press.

Schur, Max. 1953. The ego in anxiety. In *Drives, Affects, Behaviour*, vol. 1, ed. Rudolph Loewenstein. New York: International Universities Press, pp. 67–103.

Smith, Joseph. 1970. On the structural view of affect. *Journal of the Ameri-*

can Psychoanalytic Association 18:539–61.
———. 1971. Identificatory styles in depression and grief. *International Journal of Psycho-Analysis* 52:259–66.
———. 1976. Language and the genealogy of the absent object. In *Psychiatry and the Humanities*, vol. 1, ed. Joseph Smith. New Haven: Yale University Press, pp. 145–70.
———. 1977. The pleasure principle. *International Journal of Psycho-Analysis* 58:1–10.
———. 1978. Introduction to *Psychoanalysis and Language*, vol. 3 of *Psychiatry and the Humanities*, ed. Joseph Smith. New Haven: Yale University Press, pp. ix–xxx.
———. 1980a. Fathers and daughters. *Man and World* 13:385–402.
———. 1980b. Introduction to *The Literary Freud: Mechanisms of Defense and the Poetic Will*, vol. 4 of *Psychiatry and the Humanities*, ed. Joseph Smith. New Haven: Yale University Press, pp. ix–xix.
———. 1983. Rite, ritual, and defense. *Psychiatry* 46:16–30.
———. 1986a. Dualism revisited: Schafer, Hartmann, and Freud. *Psychoanalytic Inquiry* 6:543–73.
———. 1986b. Primitive guilt. In *Pragmatism's Freud: The Moral Disposition of Psychoanalysis*, vol. 9 of *Psychiatry and the Humanities*, ed. Joseph Smith and William Kerrigan. Baltimore: Johns Hopkins University Press, pp. 52–78.
———. 1989. Evening the score. *Modern Language Notes* 104:1050–65.
———. 1991. Ego psychology and the language of Lacan: Transference and affect. *Psychoanalysis and Contemporary Thought* 14, no. 1.
Smith, Joseph, Ping-Nie Pao, and Noel Schweig. 1973. On the concept of aggression. *Psychoanalytic Study of the Child* 28:331–46.
Stern, Daniel. 1985. *The Interpersonal World of the Infant: A View from Psychoanalysis and Developmental Psychology*. New York: Basic Books.
Vergote, Antoine. 1983. From Freud's "Other Scene" to Lacan's "Other." Trans. Thomas Acklin and Beryl Schlossman. In *Interpreting Lacan*, vol. 6 of *Psychiatry and the Humanities*, ed. Joseph Smith and William Kerrigan. New Haven: Yale University Press, pp. 193–221.
Viorst, Judith. 1986. *Necessary Losses*. New York: Simon and Schuster.
Waelder, Robert. 1936. The principle of multiple function: Observations on over-determination. *Psychoanalytic Quarterly* 5:5–62.

찾아보기

ㅈ

인명찾아보기

저자 약력

Joseph H. Smith, M.D.는 워싱턴대학 정신과학교실의 정신의학과 인문학 포럼의 회장이고, 워싱턴 정신분석연구소 소장 겸 교육분석가로서 미국정신분석학회 회장을 역임하였으며, 조지 워싱턴대학 정신과 임상교수임. 『정신의학과 인문학』 총서를 출간하여, 제4권 『문학적인 프로이트: 방어기전과 시적인 의지』와 제6권 『라깡 해석』을 편집하여 출간하였고, 1994년 2월에는 『정신분석. 페미니즘 및 젠더의 미래』(제14권)를 출간하였음.

역자 약력

1971년 연세의대, 1981년 연세대 대학원 졸업(의학박사). 원광의대와 인천기독병원을 거쳐, 현재 반포신경정신과의원에서 진료하고 있음.

1992년부터 〈라깡정신분석연구소〉에서 매월 제2·4주 토요일에 라깡 세미나를 열고 있으며, 1998년에 〈한국라깡과 현대정신분석학회〉를 창립하여 초대회장을 역임.

2002년 4월 서울에서 『우울증과 향락』에 관한 국제학술대회를 열었고, 2002년 요코하마에서 열린 〈세계정신의학회〉에 『프로작과 공자의 윤리』를 발표하였으며 그 논문이 *The Letter: Lacanian Perspectives on Psychoanalysis* 2005년 여름호에 실림. 2003년 영국 런던에서 창간된 Journal for Lacanian Studies의 associate editor로 활동함.

근래에는 〈다산 정약용의 정신분석학〉분야를 집중적으로 연구하고 있음.

▶ 라깡정신분석학에 관한 역, 저서

『라깡정신분석과 문학평론』(하나의학사, 1996)
『라깡 정신분석 사전』(D. Evans, 11명과의 공역, 인간사랑, 1998)
『라깡정신분석 입문』(B. Benvenuto, 하나의학사, 1999)
『프로이드와 인간의 영혼』(B. Bettelheim, 김아영과의 공역, 하나의학사, 2001)
『라깡과 프로이드의 임상정신분석』(D. Nobus, 하나의학사, 2002)
『환상의 돌림병』(S. Žižek, 인간사랑, 2002)
『정신분석의 새로운 기반』(J. Laplanche, 권희영과의 공역, 인간사랑, 2002)
『무의식의 시학』(E. Wright, 김아영과의 공역, 인간사랑, 2002)
『라깡 정신분석의 핵심용어』(H. Glowinski, 하나의학사, 2003)
『실재계 사막으로의 환대』(S. Žižek, 인간사랑, 2003)
『자폐증과 라깡 정신분석』(S. Tendlarz, 하나의학사, 2004)
『뇌와 내부세계: 신경·정신분석학 입문』(M. Solms & O. Turbull, 하나의학사, 2005)
『철학적인 병』(C. Elliott, 인간사랑, 2005)
『우울증의 회복일지』(T. Bates, 하나의학사, 2007)
『코리안 이마고』 I · II권.
그밖에 편집한 책으로 『역동정신의학』, 『불교와 정신분석』, 『입시병』, 『B병동시화전과 시치료』, 『꿈분석』, 『사랑경쟁력』 등이 있음.

라깡과 자아심리학

-라깡과의 논의:자아심리학과 언어-

초판인쇄일	2008년 7월 1일
초판발행일	2008년 7월 15일
저　　자	Joseph H. Smith
역　　자	김종주
펴 낸 이	오무근
펴 낸 곳	도서출판 하나의학사
출판등록	1988년 4월 1일 • 제 2-541호
주　　소	서울시 종로구 홍파동 13-4
전　　화	(02)730-2555, 2556
팩　　스	(02)730-2557

정가 14, 000원

※ 저자와 합의로 인지 생략

※ 잘못된 책은 구입처에서 교환해 드립니다.

ISBN 978-89-92141-31-4-93510